山本彩香

とー、あんしやさ

スイッチ・パブリッシング

目次

「とー、あんしやさ」は、駒沢敏器さんとの記憶

山本彩香

駒沢さんとの出会いは、「琉球料理乃山本彩香」にお客さまとして食べに来てくれたのが最初のきっかけです。駒沢さんはお酒が強く泡盛好きで、店で出した春雨をすぐに気に入ってくれました。先に豆腐ようを出すと、いたく感動してくれました。「こんなに美味しい豆腐ようは他にない」と褒めてくれました。

私は好き嫌いがはっきりしていて、「はがーじゅー」、頑固者と言われています。いつまでもお料理に口をつけないで話しているお客にも、食べないともったいないと文句を言います。料理は冷めたらすぐに味が変わってしまうのです。

駒沢さんは料理をじっくりと味わってくれて、すぐに私の大事なお客さまの一人になり

ました。

豆腐ようは、沖縄豆腐を紅麹と米麹、それと泡盛に半年以上漬け込んだ時間と手間のかかる料理、むしろ手間をかけないといけない一品で、琉球王朝から受け継がれてきた琉球料理の代表格です。豆腐ようが美味しくない料理屋はダメなんです。だから私はうちなーぐちで「たじねーむん」、他にはないものを「琉球料理乃山本彩香」では出さなければいけないという思いでつくっています。

駒沢さんは私の豆腐ようを初めて食べた時の香り高さとまろやかさに衝撃を受けたようです。

「濃厚なのにくどくない、今まで食べたことがない」

私はなによりも豆腐ようのつけだれを駒沢さんが珊瑚色と言ってくれたのが嬉しかったのです。

その後、駒沢さんにはゴーヤーちゃんぷーるー。ごまがたっぷりのミヌダル、どぅるわかしーなどコースで食べていただきました。

沖縄には炒め物が三種類あります。それぞれ調理の仕方で呼び名が変わる。豆腐が入った炒め物は、ちゃんぷーるー。ご飯やそうめんなど炭水化物をさっと炒めるのが、たしやー。いりちーは炒め煮。今ではどこの沖縄料理店でもちゃんぷーるー料理を出しています。

最近は、車麩を使った「ふーいりちー」を「ふーちゃんぷーるー」として出す店もあります。残念なことです。呼び名がそれぞれあるのに、なぜか一緒くたにしてしまう。せっかく豊かな言葉がもったないと私は怒っています。言葉は生活を表す文化なのです。料理や舞踊に残る琉球の「チムグクル」、肝心さを感じさせるうちなーぐちには、沖縄の誇りがあるのです。文化が失われるとすればまず言葉からだと思っています。

琉球料理は、沖縄の食材と風土を生かしながら、中国料理や日本料理のいいところを取り入れて発展してきました。うちなーぐちで「にちにいまし」、似ているけれどさらによいものをという一途な思いです。琉球料理の歴史はまさに「にちにいまし」の歩みだと思います。私の父は大和の人で母は沖縄の人です。二歳の時、母の姉の崎間カマトの養子となりました。彼女は、戦前まであった花街の辻の「尾類《じゅり》」、芸妓でした。当時尾類は芸事だけでなく料理もつくってお客をもてなしたのです。彼女は、琉球王朝の尚家の庖丁人から手ほどきを受けた料理の名人でした。なぜか、うどい（踊り）と三線《さんしん》はまったくダメな人でした。酒が好き、料理は抜群でした。私はそんな養母の手料理を食べて育ったのです。彼女の料理はどんなことがあっても裏漉しをしませんでした。裏漉しをしない料理は身体をつくるため、身体にいいと言うのが口癖でした。食べ物そのものの力を引き出す。だから便通もいい。滋養のある食べ物は「くすいむん」、身体にいいもの、栄養にも薬にもなるものです。

食べ終わると駒沢さんはすぐに私のところに来て、ごちそうさまと声をかけてくれました。少し照れていたのか、目を合わせません。褒めるなら私の目を見てまっすぐ褒めなさいと言いました。駒沢さんは「たらじさびたん」と、うちなーぐちで、ごちそうさまと頭を下げてくれました。やさしい表情でした。

「たらじさびたん」は「足りないです」ですが、「もっと食べたいぐらいおいしかった」、という意味があります。だから「もっと食べるか?」と私が聞くと、駒沢さんはびっくりした表情を浮かべたので、私は冗談だと言って笑いました。料理のことをもっと知りたいというので、私は駒沢さんをキッチンに「どうぞ」と招き入れようとしました。駒沢さんになら料理をつくった場所を見てほしいと思ったのかもしれません。でも彼は入ってきませんでした。

「何を大切にして、料理をつくっていますか?」

駒沢さんに聞かれました。

「『ぬちぐすい』、『てぃーあんだ』、それに『とー、あんしやさ』」

私は答えました。

すると、駒沢さんはその三つの言葉を書き留めて、覚えようとくりかえし口に出しました。

「ぬちぐすい」とは身体にいいこと、琉球料理は丹念な下ごしらえとぬちぐすい、薬膳として身体のことを考えているのです。「てぃーあんだ」は手抜きをしないこと、愛情を込めて料理をつくる。そして「とー、あんしやさ」とは、この味でよし、この味しかないという意味です。

「もてなしに信念と気概を感じています」

駒沢さんは、心そのものが表れた美しい料理だとさらに褒めてくれました。

「にふぇーでーびる」

私が頭を下げると、「すぐにまた食べにきます」と駒沢さんは言いました。

料理には人と人を結びつける不思議な力があるのです。本当にありがたいことです。

ほどなくして、駒沢さんから私の料理の取材をしたいという申し出がありました。

料理の内容はもとより、私の人生を記すのが目的だと。

最初はおことわりしました。

「亡くなった養母とずっとふたりで伝統を守ってきたから、普通の料理と違って味を伝えるのはなかなか難しい」

芸は一代のものだと私は沖縄の古典芸能の方に言われたことがあります。料理も芸なら自分の代で終わっていいと思います。駒沢さんにもそう答えたと思います。

そうしたら駒沢さんはこう言われました。

「山本彩香さんの料理は三代目になります。一番最初は尚家の庖丁人、崎間カマトさん、そして山本彩香さん。豆腐ようには三代、百年以上の味が染み込んでいます」と。

そう言われて大好きな歌舞伎役者・坂東三津五郎のことを思い出しました。彼も十代目です。私の豆腐ようは何十年も経てこれしかない味になったのかもしれません。

それこそ「と一、あんしやさ」でしょう。

COYOTEの連載「と一あんしやさ」が本になると聞いてあらためて読み返しました。駒沢敏器さんには特別な思いがあります。彼のことを思うと骨がずっと喉にひっかかっているような気がします。「と一、あんしやさ」が本になる、本当にありがたいことです。

豆腐よう

数ある沖縄料理店のなかでも、自家製の豆腐ようを供している店はごく限られている。製造に手間がかかり、麹と泡盛の調合に熟練した技術が必要とされるからだ。何かの理由があって直々に引き継がれないかぎり、日常の食卓にあがる料理ではない。いわば王朝時代からの珍味のひとつであり、沖縄の言葉では「たじねーむん」と言われる。他にはないもの、という意味だ。

この豆腐ようは山本彩香さんの自宅でつくられている。うちなぁ豆腐を賽の目に切って塩をまぶしてから蒸し、ざるの上などで陰干しにする。その後何度もていねいに裏返し、約３日後に醱酵してくるのを待つ。そして米麴と紅麴と共に泡盛に漬けこみ、時間をかけてゆっくりと寝かせる。

仕事の用事で自宅を空けたとき、戻ってきたらバスルームが真っ赤になっていたことがあったという。どこかに飛んでいた紅麴の菌が、主人のいない間に気持ちよく繁殖してしまったのだ。

モーアーサーの
トーナカシーイリチー

「トーナカシー」は汁気のない豆腐、つまりおからのことで、イリチーは「豚の出汁を用いた炒め煮」という料理法を指す。沖縄のおからは、一般的なものと比べると文字通りに汁気が少なく手で崩せるほどぼそぼそとしているために、たくさんの具材と合わせることが出来る。味付けしだいでは、白いご飯と混ぜても美味しい。

「このあいだ雨の日に友人の家を訪ねたら、懐かしいことにモーアーサーが生えているのを見つけた」と、山本さんは嬉しそうに言う。子供の頃は雨が降るとよく採りに行かされたが、最近は農薬のせいでほとんど見かけなくなった。それを久しぶりに目にしたので、傘を差しながら夢中で採った。

「モー」は毛の字をあてる。この言葉には「陸、畑、草むら」などといった語義がある。「その辺に生えているアオサ」ということだが、その正体は草ではなく「ネンジュモ」という菌類の一種だ。寒天質に富んでいて、昔の沖縄ではどこにでも自生していた。

　厨房で働く年長の女性は、このイリチーを見て「懐かしくて涙が出そう」と言った。

うちなぁ豆腐

水に浸した大豆をすりつぶし、その呉汁を加熱・濾過する「煮取り」が一般的な豆乳の製法だが、沖縄では呉汁を加熱せずにそのまま搾り取る。このような「豆乳の生搾り」(うすうたんぬー＝塩を打つまえ)とでも呼べるものを、その後加熱してニガリで凝固させるために、大豆が本来持つ香りと旨みが濃厚で、大きさは内地のものに比べると３倍ほどもある。

以前は豆腐屋が売り歩いており、その声が聞こえたら鍋や皿を持って、子供が使いに出された。「あちこーこー(出来立ての熱い状態)を、手でかちわって食べるのがいちばん美味しかった」と、山本さんは言う。庶民の味を代表するものだが、このような幼児体験を持っているかどうかで、食味の基礎が異なってきてしまう。

豆乳を煮立たせる地釜の匂いが、豆腐に移っているものもある。大豆の風味が引き立ち、これをひそかに愛する人も少なくない。

アヤ子の原点

首里の高台にある見晴らしのいい店で、彼女に誘われて沖縄のすば（そば）をすする。昔ながらの味を残すここは、彼女の数少ないお気に入りの店のひとつだ。

古い民家を改装した部屋には夏の風がゆっくりと流れ、外は色が抜けたように眩い。僕は冷えたさんぴん茶（ジャスミン茶）を一気に飲み干し、彼女は小物入れから扇子を取り出して静かにあおぐ。東京と違って沖縄は日陰に入ると涼しいでしょうと彼女は言い、僕は窓の外に蟬の鳴く音を聞く。さっき那覇の空港に降り立ったばかりだというのに、昔からここにいるような気持ちだ。

ほどなくして、ふたり分のすばが運ばれてくる。淡い半透明の汁のなかに、くねくねと曲がった麺が見えている。鰹の香りが濃厚に利いた豚の出汁だが、味は実にあっさりとしていて口に軽い。素朴な品のよさは体にやさしそうで、少し口にしただけでも心がほっとするのがわかる。麺は小麦をがじゅまるの木灰でつないであり、細いながらも適度な歯応えと、もちっとした触感を残している。夏の暑い日、香りと旨みに誘われてあっという間に食べ終えると、汗の伝う頬に乾いた涼風が届けられる。味だけではなく、時間もまたはるか遠くから、高台に吹く風と共に戻ってくるようだ。

汗を拭っている僕を驚いたような顔で見て、彼女はわざと那覇の古い言葉で何かを言う。まったくと言っていいほど聞き取れないのだが、そんなにお腹が空いていたのなら、もっとたくさん頼めばよい、というような意味だろう。もちろん早食いをからかっての言葉なので、僕は苦笑いをして彼女の差し出したメニューを断る。それをテーブルに戻した彼女は、ふと真顔になって箸の手を休める。

「今ではもう、昔のままの味を残すすば屋は少なくなりましたよ。でもここは、きちんと伝統を守っているから安心です。那覇にあった店も次々となくなって、本物ではないものが増えましたから」

折りたたんだ手拭を額に当て、彼女は何かを確かめるかのように、ふたたびすばを食べることに集中する。彼女に限らないことだが、ものを食べるとき人はたいてい無防備で、普段の年齢からは離れた素顔を見せる。琉球の古布を品よく洋風に仕立てた服を着る彼女も、七十歳を過ぎていて自分の母親とほぼ同じくらいの年齢だというのに、ふと少女のように見える一瞬がある。そのときばかりは、料理研究家としての「山本彩香」ではなく、東京から那覇の養母に引き取られてきた幼女、山本アヤ子に戻ってしまっているかのようだ。

体は驚くほど小さく、昔の沖縄の女性はみなこれほどに小柄だったのかと思わせる。十歳になった時点で既に、体の成長が止まってしまったかのようだ。鶴見で彼女を産み、その後アメリカを経由してハワイに渡った実母モウシも、そして妹から姪を引き取って戦禍をくぐり抜け、この沖縄で育て上げた養母カマトもまた、ここにいる彼女と似たような体つきだったのだろうか。背の高くない僕でも、彼女は顎の下にすっぽりと納まってなお余りがある。

しかしこの小さな体で、彼女は人一倍に人生を支えてきた。決して恵まれているとはいえない生い立ちを恨むことなく、泣き言や文句を人に洩らさずに、沖縄で随一と言われる料理を完成させてきた。貧乏で学校に行けずに豆腐を売り歩き、十五歳で女中奉公に出された。遊女上がりの女性たちと共に、踊り子として米軍基地を慰問したこともあった。成人してからはスタンド・バーのカウンターに立ち、早くに離婚も経験した。

そして五十歳を機に、かねてより決意していた料理家への道を彼女は選んだ。琉球舞踊の世界を引退して長かった髪をばっさりと短く切り、養母から伝えられた沖縄の伝統料理を残すことにその後の人生を賭けた。最初に出した店は「穂《ふ》ばな」といい、そして一九九九年に場所を移した現在の店「琉球料理乃山本彩香」は、いまや予約客で引きも切らずに、伝説の名店となりつつある。「走り続けて来てさすがに少し疲れた」という理由で二〇〇七年から営業を週四日に限定しているために、彼女の名を知りこそすれ、味の方はいまだに未体験という気の毒な人も少なくないほどだ。

それだけの評判だというのに「もう店をたたみたい」と、ふと彼女が洩らしたことがあった。不運な出来事が重なって気が弱くなり、そのとき彼女は年齢もあって自信を失っていた。味覚も食欲もいまだ健在だが、働き尽くめで虚ろになってしまったということだった。いつまでも少女のように快活で、新しいことへの好奇心の火が決して消えることのない彼女も、そのときばかりは孤独に見えた。どう声をかけてよいのかわからないほど気落ちしていた彼女はしかし、周囲の激励もあって気持ちを取り戻した。休みを取って英気を養い、今日の日のように昔ながらのすばを口にしながら、頭では次なる新しい料理を描いている。

「あなた、ぜんざいも食べるでしょ?」
すばの容器を傍らに置いた彼女は、半ば強制するかのように僕に尋ねる。もちろん断ることなど出来ない。すばの味が口に合わなかったのかとか、体調がすぐれないのかとか、質問の数が増えるだけだからだ。僕はそのまま彼女の言葉に従い、いつものように昔の沖縄の話を聞く。

たとえば豚の出汁のとり方ひとつ尋ねただけでも、彼女の口からは記憶の数々が洪水のように溢れ出てくる。ただ料理に詳しく味に真剣なだけなのではなく、子供のときに目に焼きつけた光景と、そのときにふと口にした味の記憶が、彼女のなかでは現在まで連綿と続く物語として、ひとつにつながれているようなのだ。しかもその記憶は昨日のことのように詳細で、隅々までが映画のように鮮やかに再現される。彼女にとって味とは、そして料理をするということは、手順どおりに美味しいものをつくることではない。幼い頃からの生活のすべての記憶をこめて、そこにありし日の沖縄を蘇らせることが、何よりも尊くそして避けるわけにはいかないことなのだ。

そのような記憶と味の物語を、今ここから描き残していこうと思う。料理のつくり方ではなく、なぜ彼女にしか出来ない沖縄の料理があり、他の人にはそれが伝えられないのか、最後に残された伝統料理の記録だ。野に生える雑草を煮るところから始まった原点が、なぜ最高級の料理にまで洗練されるのか。その背景には、他ではあまり語られることのない、失われてきた沖縄の歴史と生活がある。

「さて次は、那覇へ古陶を見に行くことにしましょうか」

ぜんざいを食べ終えた彼女は、ふたり分の勘定をさっさと済ませて店を出る。そして早足に車へ向かう小さなうしろ姿を、僕はいつものように追いかけてゆく。

❖

山本彩香さんの店は、那覇の繁華街からは離れた場所にある。建ち並ぶ商店の雑踏を避けるかのようにして選ばれたその一画は、静かな普通の住宅地だ。店の構えはささやかで目立つことなく、軒先にかけられた古布の暖簾が、そこが料理店であることを知らせている。

玄関に敷いた石や、そこを上がった客間ふた部屋の建具など、調度品は彼女の趣味が反映されたものばかりだ。しかしどれもがさりげなく自然で、普通なら自慢のひとつもしたくなる品々が、あたかも無頓着に置かれている。骨太で男っぽい性格がそこには表れている。

客間ふたつの他には、数人がすわれるカウンターがある。今晩もほぼ満席の様子で、若い女性の店員が空いた皿を引き下げては、次の一品を客間へと静かに運んでゆく。普段は目にすることのない料理が多いため、そのつど店員たちは丁寧に説明を加える。しかし気取った高級レストランのように、緊張を強いる空気はまったくない。それどころか、友人を介して招かれた家のように、これから何が出てくるのだろうと期待を楽しく膨らませてくれる。

今日の料理は、全部で十四品だ。僕が通されたカウンターの席には既に「豆腐よう」が用意され、他には漆塗りの皿に三つの小品が並べられている。豚の三枚肉に黒ゴマを載せて蒸し上げた「ミヌダル」、ゴーヤーのワタを残したまま厚く切って揚げた「ゴーヤーの天ぷら」、そして沖縄原産の田芋を用いた「ターンムの素揚げ」。夏なので、火照った体から暑気を払う「ゴーヤーしりしり」も、琉球ガラスの容器で運ばれてくる。ゴーヤーの青黒いイボをおろし金ですったものにヨーグルトとジュースを合わせた飲み物で、ひと口であおると体も心もすっきりとする。気持ちが整って、さあこれから美味しいものを食べるぞという意気ごみが、いま改めて持ち上がってくる。

先に来てコースの半ばまで進んでいるお客さんたちの顔を、僕はカウンターの端からふと見やる。食器の焼き物に関心を示す、穏やかそうな初老の夫婦。妻はそれを手に取ってまで眺め、夫はゆっくりと泡盛を口へ運んでいる。そして妻は、その焼き物の作者の名を、カウンターの内にいる女性に尋ねる。手に入るものなら那覇を発つまえに、という気持ちがあるのだろう。

三十歳くらいの、やや若い女性のふたり連れもいる。そのうちのひとりは自分でつくってみることに興味があるのか、それとも珍しい料理の手順がまるで見えないからなのか、ときに意を決したように、店の女性に調理法を訊く。のちほど本人が説明に上がりますとの言葉を、彼女は伝える。

僕の横にいる中年の夫婦は、ひと口食べるたびに味を確認するかのように黙ってしまう。そして交互に、感じたことを詳細に伝え合う。料理の雑誌でこの店を知ったらしく、写真で目にしただけの料理の実際を、新鮮な驚きと共に体験しているようだ。蒸したターンム（田芋）に豚のバラ肉やシイタケ、そしてキクラゲなどを練り合わせた「どぅるわかしー」。沖縄料理屋でよく見られる醤油味ではなく、白味噌とジーマーミ（落花生）で仕立てた、歯応えのよい「ラフテー」（三枚肉の角煮）。いずれも質のよい泡盛が下ごしらえでしっかりと用いられているからだろうか、口に残ったその味にロックグラスから泡盛を重ねると、余韻が何倍にもひろがってゆく。そしてその余韻のひとつひとつを、横にすわる夫婦も舐めるように味わい尽くそうとしている。

山本彩香の味をひとことで言い表すとするなら、それは「野趣と洗練」だと僕は思う。豚なら豚、野草なら野草などの素材が本来持っている野性の風味を、彼女は弱めたり和らげたりしようとはしない。むしろ逆に骨太に引き出し、味の軸として主張させる。素材の風味と旨みをしっかりと残し、本来はこのような味だったのだということを、幼少のときから培った鋭敏な味覚の記憶のままに伝えようとしている。

それでも嫌な臭いや刺激が鼻に上がってくるような粗雑さは、彼女の料理にはまったくない。下ごしらえの段階で料理の何倍もの時間と労力をかけており、彼女の言葉をそのまま借りるなら「手間を惜しんで嘘をつく」のだけは、自分に固く禁じているからだろう。昔の味を残すということは、単にその当時の味を守っていまに伝えるのではなく、どれだけ便利になっても手間のかけ方だけは変えないという、覚悟と決意に関するプライドの問題なのだ。そしてそんな地道な作業にこそ、彼女の料理が持つもうひとつの特徴である「洗練」が美学として生きている。

たとえば内臓の臭いを残さないために、徹底的におからでこすり洗いをする。そうするしか他に方法がないので、ブロック肉を硬水でしっかりと煮込んで時間をかけて脂を抜く。シャコ貝は泡盛で丹念に洗って臭みを取り、ゴーヤーを漬物にするときは色が変わらないように、黒糖ではなく氷砂糖を用いる。

こういった煩雑な作業こそが実は洗練の度合いを支えており、昔の生活のままにその手間を残さないと、本当の意味でそこに清らかな料理は出来上がらない。似たようなものならつくり上げることも出来るかもしれないが、それは最近の多くのすばを本物ではないと彼女が言ったように、何かを省略して薄めた別のものになってしまうはずだ。

ある程度まで料理が出たところで、奥の厨房から山本さんが挨拶に現れた。まずは座敷に顔を出し、ひととおり話の相手をしたり料理の説明をしたりしたところで、カウンターへ戻ってくる。ここでも彼女は、数多くの質問攻めにあう。調理の方法を若い女性に教え、その際のコツを念入りに聞かせる。初老の女性には陶器の作家について解説をし、沖縄の現代作陶の背景にもしっかりと触れる。その応対ぶりはいつでも分け隔てがなく、威張りも謙りもしない。「普段どおりの自分でいないと、こっちがわじわじするからよ」と、彼女は言う。わじわじとは「胸のところが何となく落ち着かずにむかむかする」といったような意味だ。

彼女は最後に、僕の背後に近寄って声をかけてくる。そして豆腐ようがまだ半分までしか減っていないのを見て、怪訝そうな顔を見せる。

「あい、好物なのにこんなにケチって何をしているの」

「美味しいものは、ちょっとずつケチって食べるのがいいんです」と、僕は答える。最初に口にしたビールがまだ残っているので、その後に飲む泡盛のために取ってあるのだ。「まったく変わったわらばー（子供）だこと。もう一個出してあげるから、遠慮せずどんどん食べなさい」

断ろうとするより先に、彼女はカウンターの女性に声をかけ、豆腐ようが気前よく追加されてしまう。

❖

山本さんと出会ってから、約八年になる。客としてではなく、沖縄の文化を取材する際に彼女の料理に触れたのがきっかけだった。それ以来、親子ほども歳が違うというのに、年齢を感じることなく個人的な関係が続いている。彼女曰く「普通の老人とは話が全然合わない」ようで、実年齢から三十歳ほど引いたあたりの相手がちょうどいいのだろう。車はこよなくミニを愛し、BMWの生産となってもその新型に乗り替えているくらいだから、確かに隠居した人たちとは接点がないかもしれない。ロックのコンサートへ行きもするし、慶良間《けらま》諸島でダイビングにも挑戦する始末だ。

彼女の料理に接したとき、やはり最初に目と口にすることになったのは、とろりとした小さな赤い醗酵物だった。市販されているものと比べると色が美しく、形がしっかりとしており、本物だけが持つ物静かな説得力を放っていたのを今でも覚えている。

最初のひと口から、心を抜かれそうだった。濃厚で鮮烈なのにしつこさがまったくなく、小さな竹のへらでへずるようにして食べていくと、豆腐とは思えない芳醇な味と香りが、次々と鼻腔を突き抜けた。泡盛を用いているのでそのマリアージュは素晴らしく、これは泡盛を味わうためにこそ存在するのではと思ったほどだ。彼女と懇意になってから、フランスパンに塗ってワインと合わせてみたりもしたが、これもまた格別だった。

現在のように豆腐ようが広く市販されることになったのは八〇年代に入ってからで、企業が大量生産を開始するまえは、首里を中心とした良家で主につくられていたとのことだった。山本さんの豆腐ようは養母カマトからの直伝で、彼女は戦前、那覇の一画にあった花街「辻」の遊郭で芸妓（尾類）をしていた。客は那覇や首里を主とした旦那衆に限られ、踊りや音楽はもちろん、手を尽くした最高級の料理もまた、首里城でのもてなしの文化がそのルーツとなっていた。

カマトもまた尾類として客の相手をしてはいたが、娘が言うには「三線や踊りの器量には恵まれていなかった」らしく、その代わりに料理へと才覚が発揮された。戦後の貧しい時代にあっても、山本さんはそのカマトの味を口にして育った。「戦後になって辻がなくなり、その後ウーマン・リブの運動などもあって、尾類だった女性たちは日陰に生きるようになっていました」

知り合って間もない頃、豆腐ようの話からそんな逸話を彼女は聞かせてくれた。「そんなものですから、辻で花開いていた大切な文化も、伝えられなくなってしまいました。いまで言う娼婦と、変わらないように思われてしまったんです。しかし私のかあちゃん（カマト）だけは、毅然として尾類の出であることを隠そうとしませんでした。ギャンブル癖があって厄介な人でしたけれど、このプライドは私も尊敬します。私自身がかあちゃんの味を知っていますから、辻の文化がどれだけ素晴らしいものであったかはよく理解できます」

養母への尊敬と思慕とはまた別に、山本さんには忸怩たる思いがあった。アメリカに統治されていた「アメリカ世《ユー》」のときは、戦争で失われていた沖縄の文化が復興ぶりを見せていたのに対して、七二年に日本へ復帰して「大和世《ヤマトゥユー》」になったあたりを境に、沖縄の文化が次々と日本へ迎合するようになってしまったのだ。そしてそれと歩調を合わせるかのように、彼女が子供のときに口にしていた（あるいは養母から与えられていた）沖縄の味は、街からも田舎からも消えていった。しかも完全に消滅するならまだしも、なぜか半端なものに姿を変えて残ってゆくのを見て、彼女は言いようのない怒りと危機感を募らせた。

「たとえば島豆腐と言うじゃないですか。どこの島なのかと言いたくなりますよ」

冗談を口にすることの多い彼女も、このときばかりはまなじりを決して激しい口調になる。昔の何かを思い出すと、そこへ悔し涙が寂しそうに浮かぶことさえある。

「石垣島ですか、それとも伊豆大島ですか。些細なことだとは、私は言わせませんよ。ですからこれは『うちなぁ豆腐』です。言葉……特に固有名詞というのは、扱いをぞんざいにすると文化まで崩れてしまいます。私がかあちゃんから受け継いだものがあるとすれば、まさにそれです。味だけではなく、どれだけ自分の文化をこめて真剣にもてなせるか。料理はごまかしといったものが利きませんからね」

那覇の戦禍を逃れるために、カマトは遊郭で遊ばせていた養女の手を引いて、北の今帰《なき》仁村《じんそん》へ疎開した。食べるものさえほとんどない時代だったが、村に雨が降るのを見て、彼女は草むらへ行くように娘に言った。キクラゲにも似た菌類がそこには棲んでおり、雨を吸って膨らむと目に見えるようになるのだという。

雨のさなか、娘が採ってきたモーアーサー（ネンジュモ）を使って、養母はトーナカシー（おから）と和えた。貧しいが口に入れるものにだけは絶対に手を抜かない生活が、アヤ子の原点として始まった。

ゴーヤーの漬物

辻の美意識が凝縮された一品。黒糖で漬けてしまうとゴーヤーの鮮やかな色が失われてしまうため、尾類たちは氷砂糖を用いてこれをお茶請けとした。ゴーヤーのわたを取って泡盛で洗い、氷砂糖と交互に重ねて容器で塩漬けにする。2週間後にはちょうどいい漬かり具合になっていて、腐敗防止に入れた梅干の爽やかな酸味が淡い甘みに加わっている。

尾類たちはかつて特別な存在で、庶民でも美人の女性は「あの子は尾類みたいにアカ抜けている」などと形容された。美貌、着物、装飾品に勝っていることは言うに及ばず、料理と芸能も身に付けているのだから、尾類は女性として磨き上げられたひとつの完成品であったのだ。

ゴーヤーの白和え

昔はどの家の庭の片隅にもあたいぐゎー（野菜畑）があり、5月から10月までの約半年間、ゴーヤーとナーベーラー（へちま）が毎日のように棚から大きな実を下げていた。「子供のときは店でゴーヤーを買った記憶がない」と山本さんも言うほど、それは沖縄の夏を乗り切るには欠かせない存在だった。

ゴーヤーはあまり手をかけずにシンプルに食べるのがいちばんだが、ときにはこんな工夫の仕方もある。苦味と食感を損なわないように、繊細な味を乗せてみるという方法だ。白ゴマとジーマーミ（落花生）をすり鉢でつぶし、水気を切った豆腐と白味噌、泡盛などと共に和える。そして冷水に取っておいた色鮮やかなゴーヤーと絡ませる。豆腐の素朴な味にジーマーミのアクセントが加わり、ゴーヤーの清冽な苦味がいっそう引き締まるようだ。

ゴーヤーの卵とじ

　最もシンプルなこの味わい方は、戦前から沖縄にあったものだ。見た目の素朴さからは想像もつかないほど泡盛の風味と卵の甘みが複雑に手を取り合い、そのふわふわ感とゴーヤーのしゃきっとした歯応えが、抜群の相性をもたらしてくれる。泡盛を呑みながらでもいけるし、白いご飯はいくらでも進みそうだ。

　つくり方はあまりに単純なので自分で試すと逆に難しい。ゴーヤーにはどれくらい火を通せばいいのか、卵の量に対して各調味料の割合は……などと考えていると、あっという間に卵が硬くなってしまう。なかでもいちばん難しいのは、泡盛の扱い。泡盛特有の香りをどのように料理に乗せるか、その加減ひとつで味そのものが左右されてしまうのだ。

火ぬ神《かん》に向かい

午後一時、山本さんの店の厨房では、早くも今晩の仕込みが始まっている。火を任されている年配の女性がひとりに、洗い物や簡単な作業を担当する若い女性がひとり。いまはまだ豚や鰹節から出汁を取る下ごしらえの段階で、本格的な味つけや調理は、右腕として山本さんを長年支えてきた女性が到着してから開始される。じっくりと煮込まなければならない物は既に火にかけられており、その蓋をときおり開けては、山本さんが入念にチェックを重ねる。互いに気が通い合っているからか、特にこれといった緊迫感はなく、かといって無駄口を利く者もいない。誰かの私語がそのまま会話へと発展するとき以外は、厨房のなかは静かだ。ここに手伝いに来ている人たちはプロの料理人を目指しているのではなく、あくまでも山本さんを支えることを生きがいとしている。

仕込みが始まる少しまえ、厨房に置いてある「火ぬ神」に向かって三人が拝み始めた。ここでその様子を目にするのは初めてで、山本さんは「これからウートートーする（神さまに拝む）から、よく見ておきなさい」と言って、僕を厨房に招き入れた。ちなみに「火ぬ神」とは、火と食を通して生命を支えてくれる「かまどの神」のことであり、沖縄では専門の飲食店にかぎることなく一般の家庭でも、火を使う場所に一定のセットが置かれている。チャーギ（イヌマキ）の枝葉を飾る花瓶、水をお供えする湯呑み、塩を盛る皿と香炉などだ。

厨房の皿にも塩が盛られ、湯呑みには泡盛が注がれた。そして山本さんを中央に三人が並んで立ち、目を閉じて手を合わせると、彼女は不思議な旋律で拝み歌い始めた。

「ウートートー、ウートートートー、カーミガナシー……」。ウートートーは「あな尊い」、カミガナシ（神・加那志）は「神さま」といった意味だ。厨房で何を歌っていたのですかと後で改めて尋ねてみると、彼女は恥ずかしがりながら「つい口ずさんじゃったのよ」と言って、その意味を教えてくれた。

「どうか神さま、私たちをお守りくださいという心をこめたつもりです。火ぬ神は私たち人間にいちばん近いところにいる神さまで、家族の健康を願う女性の心を聞いてくれたり、その想いを天に届けてくれたりするんですよ。私もかあちゃんと一緒に何度手を合わせたことか、この歳になっちゃうともう、数え切れないわよね……」

彼女に往年の料理を伝えた「かあちゃん」こと崎間カマトが、戦前まで那覇にあった遊郭「辻」で尾類を務めていたことは先に触れたとおりだ。辻はまた料亭街でもあり、当時の民間の女性には想像もつかないほどの上品な料理を提供すべく、カマトも日々その腕を磨いていた。遊郭を訪れる男性は「お客」ではなく「旦那」と呼ばれ、舌の肥えた旦那衆をうならせるためにも、尾類たちはしのぎを削るように自分の味を競い合った。

いったいどれほどの楼閣が辻の界隈に建ち並んでいたのか、その正確な数を網羅した記録はないのだが、昭和九年に発行された『辻情話史集』によると、「わが郷土唯一の歓楽郷、辻遊郭には一七六軒の女郎屋あり」と記されている。そのすべての楼閣に備えられた火ぬ神を一カ所に集めた場所が今でも現存しており、僕はそこを山本さんと訪れたことがある。住所にその名を残す、那覇市辻二丁目にある森のような公園だ。井戸や御拝所《ウガンジュ》を併設したその場所はもともと神聖な空間であり、火ぬ神を祀った石碑は大きく立派なものだった。

男性に体を提供するだけの遊郭であったなら、火の神さまを一カ所にまとめて祀る必要などなかっただろう。しかし辻では最高の料理なくしては男性をきちんともてなしたことにはならないとされ、尾類たちは自分が身に付けたその能力や技術を、内心誇りにさえ思っていた。また戦前の沖縄では、歌や三線そして琉球舞踊といった本格的な芸能は一般の女性には認められておらず、そのような観点から見ても、尾類たちはある種の秀でた存在だった。辻は当時の沖縄における文化と芸能の担い手であり、島原や吉原といった大和の遊郭とは一線を画した高い独自性を持っていた。整然と区画されたその遊郭の路地には街路樹が涼しげに並び、軒を連ねる楼閣には優雅で落ち着いた風趣があった。一九三七年、生まれてまだ二年の山本さんは、東京からこの女の園へやって来ることになった。

❖

横浜市の鶴見には、沖縄の出身者たちによる集落が形成されている。県人会の建物の一階には沖縄の食料や物品を専門的に扱う店があり、界隈には沖縄料理を提供する定食屋が何軒か並んでいる。これは戦前からの名残で、鶴見から川崎にいたる当時の埋立地では、沖縄出身の男たちが労働力として雇われていた。女性たちも遠く沖縄から京浜工業地帯へと連れて来られ、紡績工場で女工として働いた。労働は相当に過酷なものだったようで、後に山本さんを産むことになるモウシもまた、耐え難いほどの辛い日々を川崎で送っていた。そしてある日彼女は、同じ女工仲間と三人で脱走を企てることになった。女ひとりでは捕まってしまうけれど、複数であれば逃げ果せるのではないか。

残りのふたりは果たして工場の敷地内で取り押さえられてしまい、足の速かったモウシだけが塀を乗り越えることが出来た。そして逃げこんだ家にかくまわれ、その後結婚をして東京のとある場所に住むことになった。山本さんの話では、当時の沖縄人は大和人から激しい差別を受けており、普通に生活できる地域が限られていたのだという。

当時はみな似たようなものだったのかもしれないが、嫁ぎ先の山本家もまた貧困にあえいでいた。病気にかかった長女と次女は病院へ行くことも出来ず、そのまま次々と亡くなった。その後に男子が生まれ、そして第四子としてアヤ子が誕生した。兄は働き手として期待できるために家に残され、その一方で二歳になったアヤ子は、モウシの姉が尾類を務める辻へ養女に出されることになった。遊郭ではあるけれどむしろ外から守られた安全な場所だし、辻であればひもじい思いをすることもないだろう。

大和から船に乗ってやって来た姪を那覇の港で引き取ったとき、カマトは二歳の女の子を将来は尾類にさせる気でいたのだろうか……僕はいちど山本さんに、単刀直入に尋ねたことがある。空襲と敗戦で辻が廃絶していなかったら、彼女はまったく別の人生を歩んでいたかもしれないのだ。

「何しろ戦争が始まるまえのことだから、そんな思惑もあったかもしれないわねえ」

表情を何ひとつ変えることなく、他人事のようにそのとき彼女は答えた。あるいは尾類になるならなるで、最高の地位に昇りつめるのも悪くないと、どこか内心では思っていたのかもしれない。

「姉妹の間でどのような取り決めがあったかは訊いていませんが、私の勘ではお金のやり取りはあったような気がしています。何しろ姉はいつも綺麗な着物を着ているのに、妹はまったくその逆の生活でしたからね。ですからそれが事実だとすると、私は売られてきたことになりますから、尾類の道もあったのかもしれません……」

大和の遊郭とは違い、辻では運営のいっさいが女性たちのみで取り仕切られていた。地回りをする男性もおらず、下足番も置かれてはいなかった。尾類の多くは貧しい家の子女であり、その受け取り手となる代表者は「アンマー」（お母さん）と呼ばれた。四歳から七歳くらいで売られてくるのが通例だったようで、アンマーは文字通りに母親として実の両親から子供たちを預かった。

そのなかにあって、崎間カマトは少しばかり例外的な存在だった。この姓をたどってゆくと元々は士族の家柄なのだが、それでも食うに食えない状況となり、カマトは十五歳にして自ら辻に入る決意をしたのだ。そのとき、年齢がほぼ同じくらいの他の尾類たちは既に芸事の基本を身に付けており、遅れてやって来たカマトは何か別の手立てで対応するしかなかった。普通の子供として育てられてきたので格別の器量があるわけでもなく、歌や踊りは明らかに劣っていた。しかし没落したとはいえ、幼い頃は庶民とは違うものを口にしていた彼女は、味覚なら引けを取らないどころか自分の方が勝っていることに気づいた。そして辻料理の数々を、彼女は徹底的に自分に叩きこむことになった。

辻で供されていた料理の多くは、首里城で執り行われていた祝宴の料理をルーツとするものだった。中国からの冊封使《さくほうし》をもてなす際には中国料理を取り入れたものが主体となり、薩摩藩からの使節をもてなした料理には、祇園の茶屋に端を発する会席料理の影響が反映された。やがてこのふたつの流れは琉球固有の郷土料理とも合流し、長年の洗練を経て辻にも伝わった。歌や踊りもこれとほぼ同じ変遷を辿っており、一八七二年の琉球藩設置から一八七九年の廃藩置県にいたる「琉球処分」が完了すると、それまで首里城で栄えていた王朝文化は、辻の遊郭にその最後の名残を留めることになった。

辻に出入りをする旦那衆は那覇および首里の政財界人が多く、特定の尾類とふたりになるまでには少なくとも数週間、長いときには数カ月が必要とされた。顔なじみの旦那を通さなければ座敷に上がることさえ許されず、その後何度か通う間にも、裏ではアンマーによる新しい客の身分照会が続けられた。自分の子供も同然である尾類につける旦那として相応しい人物であるかどうか、まずはアンマーの目に適わなければならなかった。そしてアンマーから正式に出入りを認められた場合であっても、しばらくは妓楼に宿泊することは許されなかった。床を共にする返事を尾類が口にしてくれるのを、旦那はただひたすらに待ち侘びながら通い続けるしかなく、その関係はもはや売春とはまるで趣を異にするものだった。

尾類たちには源氏名といったものがなく、料理の腕でやがて頭角を現したカマトは、「カマレーぐゎー」と周囲から呼ばれるようになった。そして三十歳のときに大和から姪を受け入れ、その楼閣のなかでアヤ子は育った。当初の記憶はほとんどなく、物心がつくようになってからも、子供の彼女は自分のいる場所の特異性を正確には理解していなかった。しかし綺麗なお姐さんが大勢いたことは今でも覚えており、互いのライバル意識で緊迫感が流れるときであっても、尾類たちは、幼いアヤ子をまえにしたときはやさしく接してくれたという。

「売られてきた自分の身の上と重なるからでしょうか、どのお姐さんも私には親切にしてくれました。誰の手に引かれて行ったのか、そこまでは思い出せないけれども、辻の遊郭のなかにウヮーフールがあったのをはっきりと覚えています。これは豚を育てる小屋で、辻では料理に使う豚を自分たちで飼っていたんですね。そのような施設が大和の遊郭にはなかったことを後で知って、料理にかける辻の意気ごみに改めて感心しました」

しかしその華やかな辻にも、暗雲が垂れこめてきた。界隈からは政財界人や芝居役者たちの姿が徐々に消え、日本の軍人の姿が目立つようになった。そして軍人の姿さえ少なくなり、沖縄における戦火はいよいよその激しさを増した。一九四二年、七歳になったアヤ子はカマトに手を引かれ、往年の遊郭を後にして北の今帰仁村へ向かった。

❖

疎開から三年後に戦争が終わり、カマトはそれからもアヤ子とふたりで今帰仁村での生活を続けた。農村地帯であるために食料には困らなかったものの、それでも種類や量は限られており、カマトは何とか工面して食事をつくった。いかに貧しくても料理だけは絶対に手を抜かない人だった、と山本さんは語った。

「戦後にアメリカーが入ってきて、レーション（缶詰の戦闘食）が配られるようになったでしょう？　今帰仁のような田舎にも缶詰の食品が届けられて、そんなある日かあちゃんがオイル・サーディンを手にしてきたんです。それをどんな風にして使ったと思います？初めて目にする食品なのに、指をつけて味を確かめただけで閃いたようで、まずはイワシとオイルを分けたんです。そしてそのイワシを塩漬けにして、オイルは瓶に保存したんですよ。そうすれば、イワシのほぐし身はいつでも豆腐に載せたり、たしやー（炒め物）の具に使ったりすることが出来るわけです。オイルにはそのつど醤油を合わせて、調味料として使っていました。魚醤のようなものですね。オイル・サーディンをそんな風に工夫したり手間をかけたりしていたのは、おそらく今帰仁ではうちのかあちゃんだけだったと思いますよ」

農村ではどこの家の庭にも「あたいぐゎー」（野菜畑）があり、五月を迎える頃にはゴーヤーやナーベーラー（へちま）が棚にたわわに実った。ゴーヤーは実を食べるだけでなく、葉の部分が薬として利用された。行水のタライにゴーヤーの葉を入れてエキスを揉み出し、そのまま体ごと洗うことによって、汗疹を治したり予防したりすることが出来るのだ。

「世間にゴーヤー茶が出回るようになったとき、何で入浴剤にしないかねーと思ったものです。お茶にするよりもずっと体に効くのに、いまの人はそういうことを知らないんですね」

病気のときにはゴーヤーの搾り汁をくすいむん（薬）として飲まされ、夏の火照った体温を調節するために、連日のようにゴーヤー料理が食卓に載せられた。豆腐と合わせた

「ちゃんぷーるー」、肉と共に味噌で煮込んだ「んぶしー」。沖縄でも大半の子供はゴーヤーの苦味を嫌がるというのに、山本さんは自分から好んで口にしていた。なかでも、卵でとじただけの料理がいちばん好きだった。

その「ゴーヤーの卵とじ」を再現してくれることになり、僕はウートートーの済んだ厨房で、その様子を見入った。大きめのボウルに数個の卵が割り入れられ、そこにひとつまみの塩と出汁が加えられる。目を見張ったのはその直後で、彼女は卵をかき混ぜたボウルのなかに、驚くほどの量の泡盛を注いだのだった。「そんなに入れるんですか！」と声を上げた僕の顔を、むしろ怪訝そうな目つきで彼女は見ていた。

「みりんの代わりに、私はこうやって泡盛を使います。だから生まれてこの方、いちども料理に砂糖を使ったことがないんですよ。他の人はどうなのか知らないけれど、かあちゃんはいっさい砂糖を使わずに、泡盛でコクを引き出していましたからね」

ふんわりと仕上がる直前に彼女はニラを入れ、余熱をなじませてから皿に盛った。僕はその場に立ったまま箸を手にして、生まれて初めてゴーヤーの卵とじを口にした。

さすがと言っては失礼だが、その卵とじには甘みがはっきりと出ていた。泡盛の麹と出汁が熱の働きを借りて卵の旨みを引き出しているのだろうか、その品のいいまろやかさに箸を動かす手が止まらなくなってしまった。ゴーヤーには歯応えと苦味があり、確かにちゃんぷーるーよりも、ゴーヤーの風味そのものを味わうには勝っているように思えた。そんな感想を伝えると、にこにことしていた彼女の顔がにわかに曇った。すねたように唇をぎゅっと結んだその表情は、彼女が反論を口にしたいときの癖だ。

「ゴーヤーちゃんぷーるーに入っている、あのポークはいったい何なんですか？　あんなもの入れなくても卵だけで充分に美味しいのに、あれは何のつもりでそうしているのかしら。あなたわかる？」

わかるはずがないという意味で肩をすくめ、それでも僕は「三枚肉の代用品でしょうか」と言ってみた。味をつけた三枚肉は「すば」の具はもちろんのこと、あらゆる炒め物の具としてアクセントにもなり、かつてはどこの家庭でも常備されていた。しかし戦後になってレーションのポーク缶詰が普及し、切ればいいだけのその食品で代用することで、一家の母親が手を抜くようになったのだと僕は思っていた。しかし山本さんの意見は、それとはまったく異なっていた。「絶対に代用品ではなく、味をごまかすのに使っているだけだ」と彼女は断言するのだ。

「代用品であるのなら、甕に三枚肉のブロックを塩漬けしていた『スーチキー』の伝統はどうなります？　昔はどの家にもスーチキーガーミー（豚を塩漬けする甕）があったのだから、それを熱湯で塩抜きして、チャンプールーに入れてもよかったはずです。でもそんな勿体ないことをする人は見たことがないし、だいいち昔は、豚は滅多に手に入らない高級品だったんです。だからこそ甕で保存したのだし、ましてゴーヤーと合わせるなんていう発想はありませんでした。だから私は、ポークの入ったいまのゴーヤーちゃんぷーるーを見ると、何だか腹が立ってくるんです」

彼女は言外に、ポーク缶が現在の沖縄の味をだめにしたと語っているようだった。しかしそれ以上に受け入れられないことは、必要のないものをわざわざ混ぜるという、その発想にあった。ポーク缶の手軽さと汎用性の高さが沖縄人の味覚を劣らせたのではなく、自ら進んで味の体系を崩したことに、彼女は憤っているのだった。確かにいま僕が口にした卵とじには、ポークはおろか他に何も加える必要はない。

「ちゃんぷーるーはもともとインドネシア語で、『かき混ぜる』ことを意味するのは私も知っています。でもそれは『ひとつに合わせる』ということであって、ごちゃごちゃにするのとは違うでしょう？　ポークの使い方を吟味したうえで、本来から沖縄にあった食の体系に加えるのなら、それでも構わないと私は思います。でもそういうことを考えずに何にでも入れるなんて、異文化を受け入れていることにすらならないですよ」

オイル・サーディンを本体とオイルに分け、従来の料理に巧みに利用したカマトの知恵を、僕は憮然としている山本さんを見ながら思い出していた。それに比べると、ちゃんぷーるーにポークを使うのはあまりにもセンスに欠けた行為であり、そこには粋も工夫もそして思慮さえもなかった。遊女とはいえ、時間をかけて育んだ旦那との愛に真剣な情熱を傾け、その人の気持ちと健康を思って料理を工夫していた辻の尾類の血が、大和人とのハーフであるはずの山本さんの体には脈々と流れていた。

エーグヮーのマース煮

水と泡盛と塩だけで魚を煮る、ただそれだけの素朴な料理。魚は海のものなのだから、よけいなことをせずに、海の味を調味料にそのまま食するという考え方だ。ほとんど「海水煮」と言っていいのかもしれない。しかし魚の風味と味を楽しむには、これほど奥があって味わい深いものもないだろう。ご飯の上で身をほぐし、そこに煮汁を少しかけてばしゃばしゃと食べると、自然そのものを戴いているような気になってくる。DNAが疼く。

山本さんの場合は水すら使わず、泡盛と塩だけで煮るという。そうすると塩の持つ威力がさらに前面に出て、泡盛のコクが魚の風味をいっそうに引き立てる。このように旨みを強く引き立てたものを、沖縄では「あじくーたー」という。くーたーとは、様々な食材の旨みが重なった状態のことだ。

豚の原点

辻の置屋で母と暮らしていたとき、豚を茹でる匂いがすると、背後から母に近寄って背中を指でつついた。すると茹で豚のかたちが崩れた端のところを切って、手のひらに載せてくれた。それに塩を少しだけ付けて食べるのが、何よりも美味しかった。このときの味の記憶が、今でも山本さんの基準となっている。

原点に豚があるというのは、考えてみると凄いことだ。大和の食文化とは体系が違うことが、改めて肌で感じられる。では大和の場合は何なのだろうと思い返すと、ひとつには塩のおむすびがあるのではとも思えてくる。米がまず先にあって、おかず類は二番手かもしれない。だとすると、大和の食体系の方が世界的に見て異質だということにもなってくる。調味料は発達してきたが素材に関しては体系がないと思われるくらいに、素朴な食生活を送ってきたのだろう。

スクガラス豆腐

アイゴの稚魚がたくさん獲れたときには、たっぷりと塩を盛ってそのまま容器で漬ける。するとわたの苦味を伴った、小魚の塩辛が出来上がる。塩気の風味が最大の持ち味なので、豆腐のように癖のないものと合わせる。

たいていの料理屋では小さく切った豆腐の上に、1～2匹のスクが載せられているだけだが、そんなことしても美味しくないわよと山本さんは言う。かち割った豆腐の上に、スクをひとつかみほども載せるのだ。

彼女の養母は米をすりつぶし、それと一緒にスクを塩漬けにしていた。そうすることで穀物の酵素と共に醗酵が進み、えもいわれぬ風味を醸し出した。

豆腐ようのこと

以前に山本さんの自宅を訪れて、驚いたことがある。大きなテーブルに広げられたガーゼの上に、小さく切った豆腐がところ狭しと並べられていたのだ。これから豆腐ようをつくるために陰干しをしているのはわかるのだが、実際に目にするのはそのときが初めてだった。あまりの数の多さとその整然としたかたちの美しさには、思わず目が奪われた。建築家が丹念につくり上げた紙の模型を見るかのように、僕はテーブルに顔を近づけて、いくつも並ぶ豆腐のミニチュアを見ていった。

その様子に気づいた山本さんは「小さいのがこれだけあると、何だか可愛いでしょ」と、にこやかに声をかけてきた。そして鍵類とバッグを棚に置いてエプロンを身に着け、自宅のキッチンへ行って何かを手に戻ってきた。スプレーの柄がついたプラスチックの容器だった。

これから紅麴に漬けられることになる白くて小さな豆腐を、彼女は腰をかがめて真剣に見つめた。そしていくつかの表面を指で軽くなぞり、上下にひっくり返して、そこからひとつを手のひらに載せた。

「醱酵がちょうどいい頃合いです。夕方に帰ってくる頃にはと思っていたけれど、部屋の温度と湿度もぴったりだった。あとはこれを漬け汁に入れるだけ、と……。ところであなた、これ何だかわかる？」

彼女は手にしていたスプレーのボトルを、テーブルの上に置いた。僕はそれを遠慮なく手に取り、自分の手のひらへ向けて内容物を噴霧させた。まったくの無色透明で、舌先で舐めると塩の味がはっきりとした。渋さを伴った苦味が舌をつつき、その後すぐにまろやかな甘みが口内に膨らんだ。

「これは小渡《おど》さんの塩を水で溶いたものです」と、彼女は言った。

「彼の塩は本物だから、肌理《きめ》が粗くてざらざらとしているでしょう？　だから小さく切った豆腐ぐゎーにそのままぶしたら、醱酵にムラが出てしまうんです。でもこうすれば、万遍なく塩がまわるから」

ほんのりと黄色がかった豆腐のひと欠片を、僕は手に載せてみた。表面は乾いているものの、そのすぐ内側はしっとりとしている様子が何となく感触でわかった。放置しておけば腐敗するだけなのに、塩を振ったことで豆腐に醗酵が進むとは、何とも不思議な感じがした。手のひらにある小さなそれは物体ではなく、ひとつの生命であるかのように思えた。その感想を山本さんに伝えると、「小渡さんの塩は海そのものですからね」と得心したような表情で言った。

「出汁に加えるにしてもマース煮（塩煮）のときも、単なる塩というよりは、海を使っているような感じなんですよ。味を加えるのではなくて、ミネラルに素材の味や旨みを引き出してもらう感じです。私も彼の塩に初めて出会ったときは、『戦前のものと変わらない！』と感激しましたから。真っ白じゃなくて、ミネラルの色で少し濁っているんです。子供のときに使っていたものと見た目が似ていて、試したらやはり同じ味がした。以来、うちではずっとこれを使っています」

「小渡さんの塩」とは、小渡幸信さんが離島の粟国島《あぐにじま》で生産をしている「粟国の塩」のことだ。東シナ海の海水をポンプで汲み上げ、四階建ての高さのある穴あきブロックの塔のなかに逆さに吊り下げた枝つきの竹に注ぎ、これを繰り返すことで水分を蒸発させる。二十回ほど循環させると塩分の濃度は数倍になり、この鹹水《かんすい》を平釜に移して薪の火でじっくと炊くと、海のミネラルを損なわずに塩を取り出すことが出来るという。

「この塩を放っておいたら、湿気を吸って海水に戻るんじゃないか、と思ったことがあるんですよ」

素焼きの壺の蓋を開けた山本さんは、そこから彼の塩をひとつかみ取り出した。ざらざらとしているというよりは、もはやじゅくじゅくとした感じだ。今まで他の塩も試してみたが、昔ながらの野趣を好みとする彼女の料理にとって、これに勝るものはなかった。

「小渡さんにお会いしたときに、ご本人に訊いてみたんです。そうしたらやはり『うちのは海水に戻ります』と仰ってました。道理で子供のときと同じ味がするはずです」

そして彼女は、手についた塩を壺に戻し始めた。ひと粒も残すまいと丁寧なやり方で、一本ずつ指でなぞって落とすように、湿気を含んだ塩をきれいに取り払っていった。最後は手をはたいて水で流しそうなものなのに、彼女はそれすらせず、指の股に残った塩を舌先で舐めた。それを驚いた顔で見ている僕に気づいた彼女は、真剣な表情で「罰が当たるからね」と言い、すぐさまを顔を崩して「本当はがちまやー（食いしん坊）なだけなんだけど」と笑った。

「でもね、こんなことをしていると、子供のときにかあちゃんに豚肉をねだったことを思い出しますよ」

シンクで手を洗い終えた彼女は、タオルで拭きながらテーブルのある部屋に戻ってきた。ちなみに彼女の自宅にある流し台は、若い友人の設計士に教えてもらったもので、高さが異様に低い。ごく平均的な身長の僕でも、立ったままだとシンクのなかに手が届かないほどだ。なのに食べる量は七十歳を過ぎた今でも僕と変わらないのだから、確かに生まれついてのがちまやーなのだろう。

「かあちゃんがまだ辻で尾類をしていたとき、自分の部屋で豚を煮るんです。置屋にはそれぞれに小部屋があって、私もそこで一緒に住んでいたのですが、豚を煮るときの匂いがしてくると、いても立ってもいられなくなってね。かあちゃんの後ろに立って背中をつつくんですよ。そうすると三枚肉の形が崩れていますから、その部分を庖丁で切って手に乗せてくれるわけです。それに戦前の塩を少しだけ付けて食べる……あれがいちばん美味しかったなあ」

「豚だけじゃなくて、食べ物というのは何でも端っこが最高なんです。チーズケーキの角とか。マグロの切り落としとか」

かく言う自分もがちまやーだと思いながら、山本さんにそそのかされるように話に加わった。

「そうそう、端や角には味が凝縮されてますからね。ああ、こんな話をしていたら食べたくなってきたわ。では今から、うちで豚さんを煮ることにしましょう。今夜はそれでいいわね？」

❖

辻を出て今帰仁へ向かい、終戦をはさんで疎開先での生活が五年目を迎えた頃、崎間カマトのもとに一通の手紙が送られてきた。今帰仁からは遠く離れた糸満に嫁いでいる、末の妹からの報せだった。戦火を逃れて那覇を離れ、その後激戦地となった沖縄本島南部を逃げ惑ったまま行方不明となっていた父親が、彼女の住む糸満の集落で遺骨として見つかったのだという。娘を嫁がせた村を直前にして、父親は弾に当たって死んだのだ。発見されたのはそれから三年を経た、一九四七年のことだった。

その確認をカマトにもしてほしいと手紙には書かれており、彼女はアヤ子とふたりで今帰仁を去ることになった。マラリア熱がようやく下がったばかりのアヤ子は、ふらふらの状態で帆の付いたトラックに乗せられることになった。終点は佐敷町（現在の南城市）の馬天《ばてん》、丸二日の長い道のりだった。

馬天に着くとすぐさま、ふたりは糸満へ向けてあてもなく歩き始めた。そして陽も暮れようとする頃、焼かれずに残っている民家が百名《ひゃくな》にあった。ふたりはそこに泊めてもらい、二日ぶりに横になって眠った。翌日はもはや人に頼るわけにもいかず、ほぼ真西にあたる糸満までさらに五里の道のりを歩いた。「寒い季節で、もう歩けないくらいに足が痛かったのを覚えている」と、山本さんは言う。当時はもちろん舗装などされてなく、南部一帯は戦争の傷跡をまだそのままに残していた。不発弾は言うに及ばず、戦死者の頭蓋骨がいくつも辺りにころがっていた。

行方不明のままだった崎間カマトの父親もまた、頭蓋骨が真っ二つに割れていた。それを妹たちと確認したカマトは墓を設けて納骨を済ませ、さてどうしたものかと思案に暮れた。もとより縁のない今帰仁に戻るつもりもなく、それよりも妹の住む場所の近くで生活の糧を得ることが先決だと思った。そこへ妹から、見合いの話が舞いこんできた。戦争中に奥さんを病気で亡くした人がいるけれど、この際嫁いでみてはどうか。尾類上がりで気位が高く、それまで結婚をしたこともないカマトだったが、四十歳という自分の年齢とアヤ子を抱えていることを考えれば、他に選択肢はないように思えた。

糸満の高嶺で農業を営む玉城《たまき》氏は、病死した前妻とのあいだに七人の子供を儲けていた。そしてこれは不思議な偶然なのだが、名前はカマトと同じ浦戸《かまと》といった。彼はカマトが尾類上がりであることを、まったく厭うことはなかった。これは人を出自で判断しない人物であることの証でもあるが、当時の沖縄ではまた、戦争で妻を失った男性と元尾類が結ばれるのは、決して珍しいことではなかった。遊女ゆえに婚期を逸した尾類と、子沢山で女手に困っていた男性が結ばれるのは、戦後の混乱期にあっては寛大な目で見られたのだ。

それまで山本姓を名乗っていたアヤ子は、これを期に玉城アヤ子となった。玉城家には同い年の女の子がいたため、十月生まれの彼女が四女へ繰り下げとなり、四月生まれのアヤ子は三女として戸籍に登録された。親子十人の新しい生活が始まろうとしていた。

「家の近くには三山時代(十四~五世紀:北山・中山・南山の各勢力が均衡した時代で、のちに中山の尚氏が統一した)の南山城《ぐすく》があって、がじゅまるの樹もたくさん残っていました」と彼女は言う。「カデシガーと呼ばれる泉ではいつも水が湧いていて、遊び場には困らない場所でしたよ。糸満だから、これで海のものもたくさん食べられるかな、と思いました」

終戦から二年、ここで彼女は心置きなく中学校へ進学できるものと思っていた。今帰仁の小学校では級長を務めたこともあり、勉強への意欲はいよいよ高まっていた。しかし玉城家の生活事情とカマトの性格が、それをそうとはさせなかった。ふたりきりで今帰仁で暮らしていたときには思ってもみなかった別の苦労を、逆にアヤ子は次々と背負うことになった。

「かあちゃんが玉城家に嫁ぐときに突きつけた条件が、今考えると笑っちゃうんですよ」と、山本さんは言う。カマトに盾ついてばかりの彼女は「やなわらばー」(いやな性格の子供)と呼ばれていたそうだが、ある意味では女の生き方を突き通した養母に対して、今では共感に近い理解もあるのだろう。

「自分は尾類上がりで上品暮らしだったから、畑仕事だけはさせるなと言ったんです。農家に嫁いできたというのに、本当に傲慢で頑固ですよね。家の仕事しかしないと言い張って、汚れることが本当に嫌いな人でした」

しかし養子となったアヤ子は畑に駆り出され、農家の仕事を手伝った。中学校へ通う日数もしだいに少なくなり始め、ターンム(田芋)などの農作物を売り歩いた。戦後の混乱で食料が不足しているために、子供でも出来る漁も手伝わされた。干潮のときに「イノー」(サンゴ礁の礁池)に出て、腰のあたりまで海水が満ちてくるまで、網で追い込み漁をするのだ。生きているサンゴを少し割るとそこから小魚が泳ぎ出て、仕掛けた網へいっせいに向かったという。

「これを真水で洗わないで、海水がついたまま天日干しにするんです。豚がほとんど手に入らない戦後にあっては、貴重なたんぱく源でしたね」

畑には出ないカマトだったが、料理の腕を活かして豆腐づくりをすることになった。ここでもまた、アヤ子は労働に駆り出された。一斗缶ふたつを持って海へ向かい、海水を満たしてから、それを天秤棒にかけて右肩で担いで帰った。行きは〝楽〟なものの、帰りは上り坂で三十分以上かかった。そのときの名残で、山本さんの右肩はいまだに少し下がったままだ。

ふたりは朝早く起き出し、大豆を臼で挽いて熱湯で煮立たせた。そして海水そのものを使って豆腐を固め、今度はそれをアヤ子が市街地へ売りに行った。

「さすがにかあちゃんの豆腐は味がよくて、私もそれははっきりと覚えています」と、山本さんは言う。「でもちょうどその時間は登校時にあたっていて、中学校の同級生が町を通るんです。学校にも行かずに豆腐売りをしているところを見られるなんて、恥ずかしくて嫌ですから、そのときばかりは道を脇に逸れてしばらく身を隠していたものですよ」

生活が向上しないからか、それとも本来から結婚生活には向いていなかったのか、労働ばかりが続く日々のなかで、カマトはしだいに落ち着きを失い始めていた。夫を馬鹿にして悪態をつくようになり、文化的な素養を欠いた田舎者だと罵った。世が世なら、こんなところにいる自分ではないという気持ちを、抑えることが出来なかった。戦前の首里や那覇の金持ちたちと比べられても、浦戸には返す言葉などなく、家族の雰囲気は悪化する一方だった。

自分から頭を下げることのないカマトを、口の減らないアヤ子はそれでもかばって応戦した。すると子供どうしのあいだでも言い争いや喧嘩が絶えないようになり、ふたりが身を寄せるような空気ではしだいになくなっていった。そしてある日カマトは自分から離縁状を突きつけ、アヤ子と共に玉城家を出ていった。

❖

「それからはもう、中学校へ行っている暇などほとんどないですよ」

自宅で夕食の支度を進めながら、山本さんは言った。冷蔵庫に残ったものを利用するあり合わせとはいえ、彼女は養母がそうであったように、瞬時に工夫を重ねてはそれぞれを立派な一品にまで仕上げていった。

「全国から高級素材を集めて料理をしてみせる番組があったでしょう？　私は、ああいうの大嫌いなんですよ。しかもどの料理が美味しいかまで、勝敗を決めたりする。食べ物に優劣をつけるなんて、冒瀆だと思いますけれどね」

大きな鍋のなかで、やがて豚の三枚肉が煮えてきた。このブロック肉を、彼女は冷蔵庫に欠かしたことがないという。こんなに簡単に出汁が取れて市販のものよりずっと美味しいのに、どうして最近の人はそんな手間まで抜くかしらねえと、まるで独り言のように鍋に向かって呟きながら、彼女は肉の具合を菜箸で確認していた。

火の通った三枚肉の表面から水分を拭い取り、まな板に載せたブロックの右端に、彼女は庖丁の刃先を入れた。熱で縮んで形の悪くなった部分だけが、まな板の端にころんところがり出た。彼女はそれを指でつまみ上げ、「ほら」と言って僕の手のひらに載せた。見てくれはよくないが、薄っすらとした桃色の断面は、それだけでいかにも美味しそうだ。

小皿に盛った塩をつまみ、豚肉に載せて口へ入れてみた。表面の塩気が一気にひろがり、少しだけ噛んでみると、その塩気は肉汁とひとつになって舌の全面を甘く包んだ。噛めば噛むほど肉汁は塩と共に膨らみ、豚のいい香りが幾重にも鼻孔を突き抜けていった。思わず目を閉じたくなった。

「豚のいちばん美味しい食べ方はこれです」

昔話だけではなく、実際に再現してみせたことに満足した様子で、山本さんは言った。

「本当にいい豚肉でなければこの食べ方は通用しませんが、私はおやつ代わりにこれを食べて、自然に味を覚えたんです。戦前の那覇や首里で中流以上の家庭に育った人なら、子供のときにきっとこれをしていたはずですよ。大和だと、母親の味は肉じゃがのような煮物になるのかもしれないけれど、沖縄ではこの豚の食べ方が母の思い出です」

昔ながらの塩の活かし方ということで、彼女はもう一品を用意してくれた。エーグヮー（アイゴ）の稚魚「スク」を塩漬けにした、「スクガラス」だ。これは一般的にガラス瓶に詰められた状態で売られているため、それで「スクガラス」というのだと思われがちだが、本来ガラスは「塩漬け」という意味を持っている。

ほとんどすべての沖縄料理店で、このスクガラスは小さく切った豆腐に載せられて出てくる。塩気が強いために、豆腐ひと切れにつき一、二匹しか載せられていないのが通常だが、そのようなものは最近まで目にしたことがなかったと山本さんは言う。

「何の影響でそうなったのかはわかりませんが、かち割りにした豆腐の上にたくさん盛って食べたのが、本来のやり方です。だいいち、あんなに小さく豆腐を切るなんていう不自然なことは、普通だったらしないはずです」

スクの鮮魚が手に入らなかったために、彼女は市販のものを代用して、そこに工夫を加えた。米をすりつぶしたものを漬け汁と和え、瓶のなかへいちど戻したのだ。時間があれば自分でスクを塩漬けにして、すりつぶした米と合わせて醱酵を待つところだが、これだけでも充分に美味しいはずだと彼女は言った。

うちなぁ豆腐をざっくりとかち割り、そこへひとつかみほどもスクガラスを載せた。そして泡盛に漬けた唐辛子を一本、そこへ添えた。僕は箸で豆腐を割りながらスクがこぼれ落ちないように口へ運び、そのまま口に入れた。するとスクガラス特有の魚臭さの代わりに、米のとぎ汁を凝縮させたような穀物の香りが広がった。泡盛のルーツと言われるラオ・ロンの香りにも、それは似ていた。

「口のなかのものがなくなったら、こうやって少しずつ唐辛子をほぐして、次のひと口に載せるんです。米をすりつぶして醱酵させる方法はかあちゃんから教わったもので、たぶん辻での技法でしょう。他のところで見たことがありませんから」

豆腐の原料も穀物なのだから、すりつぶした米と合うのは、考えてみれば自然なことだった。しかもその香りは醱酵したスクガラスの味を充分に引き出し、泡盛に漬かった唐辛子の刺激が全体をぴりりと引き締めた。口のなかでは豆腐とスクがぐちゃぐちゃと混ざり合い、鼻からは米のいい香りが抜けた。

「瓶詰めのものでもひと工夫でこんなに変わるんだから、今度スクの鮮魚が入ったら塩に漬けてみましょうね」

それは彼女の独り言だった。沖縄では「〇〇しましょう」は人を誘う言葉なのではなく、「〇〇することにしよう」という、自分ひとりの決意として用いられる。昔の話をしながら、そのときの味をひとつずつ思い出してゆく彼女は、少女のように一心不乱にスクガラス豆腐を食べていた。

じょろじょろじゅーしー

「くふぁじゅーしー」(豚、シイタケ、かまぼこなどの炊き込みご飯) が残ったら、後日そこへ出汁を加えてさらさらと食べるのも格別だ。肝心なのは「うわーゆー」(米を汁で煮たときに浮いてくる粘り気) を出さないことで、日本の雑炊では見られない食べ方だ。イカ墨汁や中身汁 (臓物) など汁物が多い沖縄では、残りにご飯を入れる際にも、まずは汁気を優先させたのだろう。

夏で食欲の湧かないときや体調が崩れた際にも、こういった消化のよい「汁物ご飯」で滋養をまかなった。写真のじゅーしーは味噌汁仕立て。味の引き立て役として「えーまかんだぱー」(八重山原産のサツマイモの葉) が入れてある。これは芋を実らせない食用専門の葉で、調子が悪くても野菜を大量に摂ることが出来る。

フシカブデークニの炒めもの

「干したカブと大根」の意だが、なぜかカブを用いる習慣は完全に廃れ、今では名前だけとなっている。冬の大根が残ってその後夏の野菜が市場に出るまで、昔の沖縄では野菜不足を解消するために、塩をして水分を抜いた大根を乾燥させて保存した。日本の切り干し大根のように細く切るのではなく、厚く斜め切りにして天日にさらす。その旨みは厚さ同様に芳醇にして濃厚で、酒のアテにもいいし、白いご飯との相性は最高。

結び昆布や豚の三枚肉を炒め煮にし、火を止める直前にニラを加えたシンプルな料理だが、山本さんの店では冬の一時期にしか味わえない。もっとも家庭で試してみる価値はあるはずで、是非とも常備菜にしたい沖縄料理のひとつだ。

むちぐゎーの汁

蒸したサツマイモを潰して「んむくじ」（芋くず）と和え、塩で味をつけながら水で溶いて成形してゆく。すると、ぷるんとした何ともいえない感触を伴った、むちぐゎーが出来上がる。沖縄でも現代の家庭からはほぼ姿を消してしまっているが、戦後の貧困を支え代表的な料理のひとつであり、飢えを凌ぐものとは思えないほどに美味で繊細だ。

山本さんは味噌汁をつくるときに、隠し味として泡盛を使用する。それを聞かされたときは想像もつかなかったが、口にしてみるとコクが濃厚に引き出され、味噌の旨みが増大しているのがわかる。まさかと思われる方もいるかもしれないが、試されてみることを強くお勧めする。

奉公のとき

　料理の野菜を買い求めるために、山本さんは市場の道を歩いていた。板を敷き渡した場所にお年寄りの女性たちが所狭しとすわり、そのまえに野菜を並べただけの素朴な市場だ。戦後間もない頃を思わせる光景に若い女性客の姿は見受けられず、地元の顔見知りの人が野菜を売る女性に声をかけては、古い言葉で何かを喋ってその場を後にした。国際通りからほど近い場所にある牧志公設市場は、今では観光客で溢れ返っているが、この市場には沖縄本島の各地から農家が直接に作物を売りに来る。それだけに新鮮で質のよい野菜が揃っており、料理人が食材を求めに来ることも珍しくはない。

　目当ての野菜を手にした山本さんは、その箱を僕に渡した。一刻でも早く見せたいといった様子で、食材をまえに顔が明らかに上気していた。促されるままに箱に目を落としてみると、そこには青々とした葉をつけた植物の茎が並んでいた。形のよさはいかにも瑞々しそうで、新鮮であることを示していた。

「これは『えーまかんだばー』といって、八重山原産の芋の葉なんです」目を爛々とさせながら、彼女は僕を見上げて言った。「かんだというのは葛（カズラ）のことで、芋が育ちにくいから葉と茎を食用にするんです。今日はじゅーしー（炊き込みご飯）をつくって、これをたくさん入れましょうね」

あと十歳も若ければ小走りするのではないかと思われるほど、彼女は軽やかに市場の道を歩いた。苦労の連続だったはずなのになぜそれほどに快活なのか、半ば冗談のつもりで言葉を向けると、彼女は「苦労するだけしたから、神経がどうにかして明るくなったのよ」と言って舌を出した。そして市場の老女たちに目を向けながら「それにしてもどうしてあのとき、私は本当の気持ちを素直に言えなかったかね」と、小さな声で自問するように言った。

「今でも本当に不思議なんですよ。ただひとこと、『嫌です』と言えば済んでいたのかもしれないのに……」

中学しか出ていない自分を雇ってくれた奉公先を、わずか一年で辞めることになったときのことだ。お金がなくて高校へ進めなかった彼女は、糸満から那覇へ出て住みこみの女中として働くことになった。奉公先の奥さんは幸いにしてアヤ子をひとめで気に入り、家族同然のように扱ってくれた。労働は大変だったものの、糸満で送っていた生活からしてみれば、それは穏やかで恵まれた日々だった。そして奥さんはアヤ子を可愛がるがあまりに、同じ家で使用人として働いていた男性をぜひ許婚にと言い出し始めた。

主従の関係を考えれば、それは提案というよりは既成事実のようなものだったのだろう。しかし十七歳になったばかりの彼女は結婚する気にはなれず、かといって雇い主を相手にその本心を口にすることなど許されないように思えた。奥さんの好意を裏切ることになるのが辛かったのか、それとも自分のように身分が卑しい者は、ご主人に口答えなどしてはいけないと思ったのか……自分でも理由が見定められないまま、彼女はその男性との結婚が嫌とは言えずに、ただひとこと「辞めます」とだけ言い残して、自ら消えるかのように奉公先の家を後にした。その当時の行動ぶりを、現在の彼女は自分でも量りかねている様子だった。

「そこを辞めたら、かあちゃんのところへ戻る以外に行くあてなどないのに、本当の理由がどうしても喉につかえて出てこないんですよ。それで、どうすることも出来なくなって……」

「誰にも相談できずに、ひとりで窮してしまったのですか」

困ったような顔で苦笑いをしている山本さんに、僕は訊いてみた。すると彼女はしばし黙りこみ、記憶の内部へ潜っていった。しかし回答が得られた様子は、表情には浮かばなかった。

「そうねえ……自分を犠牲にすることでしか、気持ちが表せなかったのかしら。それまでずっと、使われてばかりの人生でしたから。周囲に押し流されているだけで、どうすればいいのかわからなかったんです」

奉公を自ら辞することになったその三年まえ、彼女は玉城家に離縁状を突きつけた養母カマトと共に、糸満の市内に身を寄せていた。自分が通っていた中学校までは歩いていける距離ではなく、必然的に長期欠席者の扱いとなった。カマトの友人の家でふたりは寝泊りを続け、玉城家から戸籍を抜かれたアヤ子は、山本ではなく崎間姓を名乗らされていた。

働いて生活費を得る以外には生きる術がなく、アヤ子はアイスケーキ（アイスキャンディ）やカマトがこしらえたまんじゅうを、糸満の市場へ自転車で売りに行った。

「白地に赤い色で『の』と書いてあるおまんじゅうでね、当時ではのしの代わりだったんです。今でも首里あたりでは『のーまんじゅう』として残っていますよ」

冬が近くなるとサトウキビの束を頭に載せて、サーターヤー（製糖工場）へ歩いて運んで小銭を稼いだ。中学校にさえ通えない身の上に彼女は嫌気が差し、自分の都合だけで振り回すカマトのことを、次第に憎み始めていた。口喧嘩をしながらも親子で支え合うしかなかったそんなある日、玉城家の父親がふたりの居場所を突き止めて糸満へ迎えに来た。七人の子供を抱えての生活には限界があったのだろう、彼は自分から折れてカマトに詫びを言い、頭を下げるようにして復縁を願った。しかしひとたび家に戻って久しぶりに学校へ行ってみると、同級生たちによる迫害がアヤ子を待ち受けていた。

❖

「あれは『じゅりぬくゎ』（尾類の子）だからということで、集落の大人たちが一緒に登校させてくれないんですよ。それを目にすれば、子供も真似て差別したくなるでしょう？男の子たちに鞄を取り上げられて、そのまま畑に放り投げられるんです。女の子たちからは、ただ無視されるような日々が続きました」

ある日「学校に行かない」と言い出したアヤ子から話を聞き出し、カマトは血相を変えて同じ集落に住む教頭のもとへ談判をしに行った。翌日からその教頭と一緒に登校をすることになったものの、影に隠れての迫害はその後も続き、学校から帰るときはいつもひとりだった。

「西の空に夕日があって、周囲にはまだ戦死者の遺骨がころがっているんです。何て寂しい風景なんだろうと、今でもはっきりと頭に残っていますね」

いじめが止まないことに業を煮やした校長は、男子生徒たちを校庭に並ばせて力任せにビンタを張った。それを機にアヤ子にはようやく平和な学校生活が戻り、気の弱い男子を蹴飛ばすほどに立場を逆転させていた。しかししばらくすると、カマトと玉城氏のあいだにふたたび騒動が持ち上がり、収拾のつかないまま彼女はアヤ子を引き剝がすようにして家を飛び出した。アヤ子が中学二年に上がってから卒業するまで、そのようなことが何度も繰り返され、戸籍だけでも三回変わった。その数をはっきりと覚えているのは、そのつど変わる謄本を山本さんが手元に残しているからだ。

「あの頃は本当に、自分の名前などあってないようなものでした。山本なのか玉城なのか崎間なのか、もうどうにでもなれという感じです。かあちゃんがこの世からいなくなればいいと、月に向かって声を上げたこともあります。どうしてこんな尾類上がりのところに、私はもらわれてきたんだろうって」

そのような生活のなかでも、今帰仁にいた頃と同様に、カマトは料理の手を抜くことだけはしなかった。辻で得た味覚を維持することは最後の誇りとでも言わんばかりに、市場で手に入るごく身近な野菜を利用してはそこに工夫を加え、辻料理にも引けを取らない家庭料理を食卓に乗せていた。

冬の大根があるときは保存のために塩をして重石で水を抜き、それを天日に数日間さらして「フシカブデークニ」をつくった。この切り干し大根は大和のものとは違い、塩を振る段階から厚く斜め切りにしてあるため、格別の食感と旨みを楽しむことが出来た。結んだクーブ（昆布）やニラなどと炒め煮にすると相性がよく、そこに豚の三枚肉でもあれば贅沢な一品となった。

あるいはありきたりな唐芋（サツマイモ）でも、丹念にすり潰してそこに「んむくじ」（芋くず）を加えて水で練れば、むちぐゎー（餅）のようなつるんとした口触りが生まれた。イタリア料理のニョッキにも似たこのむちぐゎーは、味噌汁の具として食べられることが多く、主食に乏しいときでも腹持ちがよかった。

「今にしてみると、それでもかあちゃんは、私の体調や健康状態をちゃんと考えてくれてはいたんです」

こと料理の話題に関しては、山本さんはカマトへの尊敬の念を隠さなかった。そのときばかりは目つきが真剣になり、迷惑な養母というよりは師匠を思い出すような口調になるのが常だった。たとえば大和ではお粥のことを何て言います？　と、彼女は唐突に訊いてきた。答えようがなく「お粥はお粥です」と返事をすると、「沖縄ではお粥にも二種類あるんですよ」と彼女は言った。

「大和と同じような軟らかいお粥は『うけーめー』、それよりも硬くてお粥とご飯の中間くらいのものは『あちびー』といって、なぜか昔から区別しているんです。私も病気になると母から『あちびーにすみ、うけーめーにすみ』（やわらかいご飯にするか、それともお粥にするか）と訊かれたものです。気遣いもあったでしょうが、子供がどちらを選ぶかで、体調の判断もしていたんですね」

これと共通した例として、沖縄では雑炊（実際は炊き込みご飯）のことを「くふぁじゅーしー」と呼び、そこへだし汁などを加えてさらさらと食べるものを「じょろじょろじゅーしー」と呼んでいる。「くふぁ」は「硬い」という意味で、「じょろじょろ」は水分の多いさまを表現したものだ。カマトが病の床に臥せっているときは、逆にアヤ子が「あちびー」や「じょろじょろじゅーしー」をつくって食べさせ、夜通しで看病をした。この養母さえいなくなればと思いながらも、年端のいかない自分ひとりだけでは、自由になることが出来なかった。ふたたび玉城家に呼び戻されても高校へ進学するだけの経済力はなく、やがて彼女は卒業の時期を迎えた。学校にほとんど通っていないというのに、成績優秀者として彼女は卒業生総代を務めた。そして糸満の農村を離れて、職探しをするためにあてのないまま那覇の都会へ出た。これでようやく自分の人生を歩み始めることが出来るかもしれないと、そのときのアヤ子は思っていた。その頃から歌や踊りが好きだったから、現在でも国際通り沿いにある「高良レコード」に、まずは就職を願い出た。店先に「女店員入用」という張り紙がしてあったのだ。しかし高校も出ていない者など雇えないと、けんもほろろに追い返されるだけだった。

木造の商店が建ち並び始めた未舗装の国際通り（当時は松尾大通り）を、アヤ子は誰からの紹介もなしに歩き続けた。どの店の張り紙を見ても、自分がしてみたいと思う仕事は高卒の資格が必要だった。終戦から六年、街には以前の活気が戻り始め、英語の看板も目立つようになっていた。地元の商店と並んで映画館が通り沿いに現れ、軍用車とトラック、そしてリヤカーを引いた自転車が入り乱れるように道を行き交った。店先の張り紙をひとつひとつアヤ子は確かめ、このまま戻るのだけは嫌だと思い始めた頃、ある時計屋の看板が目にとまった。牧志の公設市場へ向かう道と並行する平和通りに面した店で、看板には「女中入用」と書かれていた。学歴は不問だった。

❖

ほぼ十年ぶりの那覇は何もかもが新しく、アヤ子は都会の空気を吸いながら、その生活を存分に味わった。レコード店の軒先からは最新のヒット曲が流れ、映画館のまえはいつも長蛇の列だった。近所に仲のいい友人も出来、奉公が終わるとふたりでよく映画を観に行った。それが唯一の娯楽だった。

「京マチ子の『火の鳥』とか久慈あさみの『夜来香《イエライシャン》』とか、女優さんが本当に素敵で、スクリーンに釘づけになっていたものです。その頃からですかね、いつか自分も歌や踊りをしてみたいと思うようになったのは……。じかに血のつながりはないけれど、辻の尾類ぐゎーだったかあちゃんの気風を、やはり自分は継いでいるんですね」

しかし映画の世界に没頭できる時間は束の間のものに過ぎず、現実は下働きの日々だった。二名の時計職人と家族全員の衣類を彼女はタライに入れ、現在では沖映通りと呼ばれる道を井戸のある場所まで通った。洗濯板でこすり洗いをし、すべてを濯ぐだけで三時間。脱水するには手で絞るしかなく、ずっしりと水を吸った洗濯物を頭に載せて道を戻った。家に仕送りをしているために映画以外には遊ぶお金も限られ、家人のお姉さんのようにお洒落を楽しむことなど叶わなかった。

年頃になってきたそんなアヤ子を見るに見かねたのか、それとも気に入って目にかけていたからか、一家の奥さんは自分のところで見習いをしている若い時計職人を、アヤ子と結びつけようとし始めた。彼女よりふたつ年上で、元々はいい家柄の出身だった夫婦となってふたりの生活を始めれば、少しは女性らしい思いが出来ると奥さんは考えたのかもしれない。

「でもこれが色白で、しかもぼーっとしているような感じの人で、まったく私の好みじゃないんですよ。やさしいのだけれど、男性らしくないのが嫌だったんです。悪いけれど好きになれないというか、生理的に無理でした。でもそんなことを、奥さんに対して理由にも出来ないし……」

その奥さんから確約を得たと思ったのか、仕事が終わると許婚の候補はアヤ子の行くところについてきた。友だちとふたりで映画を観に行くときにもそこへ平気で加わり、かといって何か面白いことを喋るのでもなかった。にこにことしたまま、大人しく黙っているだけだった。お墨つきをもらったことで、自動的に夫婦になれるのだという気分でいたのだろう。

奥さんはふたりが上手く行っているものと思いこみ、デートの用立てまでしてた。アヤ子は仕方なく映画館までふたりで歩き、なかに入るとまったく離れた席にすわって映画を観た。しかし許婚はそれでも怒るような様子はなく、いずれは夫婦になるのだからという余裕なのか、反発を見せることさえなかった。そしてアヤ子はしだいに追い詰められ、自分から「辞めさせてください」とだけ、口にすることになった。

奥さんからその理由を何度求められても、どうしても本心を打ち明けることが出来なかった。

「このまま働きたいけれど、結婚までは考えられない」と言えば、問題なく済む話なのかもしれないのに、それを口に出そうとすると何も判断が出来なくなった。恋すらまだ自分で体験していない彼女は、何もかもが違うのだと思い始めていた。誰のために生きているのかがわからなくなり、自分からは何ひとつ選び取ったことのない人生のなかで、彼女はいつもその選択ばかり迫られていた。

「結局は糸満の高嶺に戻ることになって、またかあちゃんとの生活ですよ」

店では出すことのない「むちぐゎーの汁」をつくることになり、山本さんは店の奥にある部屋でサツマイモをこね始めた。そして「んむくじ」(芋くず)を混ぜて水を少しずつ加え、徐々に軟らかくさせていった。塩の加減はいつものように目分量で、味見は最初の一度きりだ。

手作業が半ばまで進むと、彼女は厨房にいる孫に声をかけた。店そのものの行く末は未定だが、山本さんの味を少しでも受け継ぐために、娘の四男が自分から修行を願い出たところだ。四人の孫のうち彼の味覚が最も鋭敏だとのことで、「かちゅーだし」(かつお出汁）の引き方にも、早くも冴えを見せ始めている。

彼女は孫を自分のまえにすわらせ、「むちぐゎーをするから、これをこねてごらんなさい」と言った。やり方を伝えられていない彼は芋をただ押し潰すだけで、なかなか成形していかなかった。それを見た山本さんは自分で実践をしてみせ、親指の下のふくらみでまとめていくのがコツなのだと教えた。見よう見まねでもう一度こねている彼をよそに、山本さんは僕に向かって「この子はよ、センスがあるから何とかなるよ」と、小さな声で言った。確かに先ほどとは違い、ひとめ見ただけの模範をもとに、彼は山本さんと違《たが》わない手つきで作業を進めていた。

「この子は、うちのばあさんの味を小さいときから口にしているからね。本人がどんなお店を将来出すのかはわからないけれど、何とか味だけは、引き継げると思うのよね」

自分がこねたむちぐゎーを、彼は「先生お願いします」と言って差し出した。彼女はその感触を指で丹念に確かめ、「これなら大丈夫。この感じをよく覚えておきなさいね」と言った。恭しく礼を言った孫に「あとで味《あじ》させてあげるからね、まだ食べたことないでしょ」と山本さんが伝えると、そのとき彼の目が嬉しそうに光った。祖母とその養母の味を体験できるのなら、何でも口にしてみたい様子だった。そしてそれ以上に、自分はこれから料理人になっていくのだという決意が、明るくみなぎっていた。

彼が厨房で動く様子が見たいと思い、僕は奥の部屋から裏をまわった。すると食器を保管してある部屋に、崎間カマトの大きな遺影が飾られているのが目に入った。老齢にしてもなお気の強さがありありと残り、真一文字に結ばれた口元からは、彼女の気位の高さを窺い知ることが出来た。隣りの部屋から現れた山本さんは僕と並んだまま写真を見上げ、

「この人には、本当に振り回されっぱなしだったわねぇ」と呟いた。

料理店の主である山本さんの手を経て、いま四代目に戦前からの味が受け継がれているところだった。横にある厨房では彼女の孫がきびきびと働き、どの従業員よりも真剣な表情と好奇心で仕事に向かっていた。なぜ山本さんは許婚が嫌だと主人に言えなかったのか、本人にもわからないでいるその理由を、僕は孫の動く様子を目で追いながら考えていた。自分の意志で道を選び取ることも可能なのだということに、おそらく当時の彼女は実感すら持っていなかったのだろう。自分さえいなくなればと思って奉公先の家を出たそのとき、人生は自分のものかもしれないという疑問は、彼女のなかでようやく芽生えたばかりだった。

イカ墨汁

沖縄では具だくさんの汁もの料理が多く、そのいずれもが薬のような役割を日常生活のなかで果たしている。汁ものに限らず、薬効の高い食事は「くすいむん」といわれ、風邪など普段の病気から出産のように体調を大きく崩すときにいたるまで、それぞれに適った食べ物を口にするのが習慣だった。イカ墨汁は「さぎぐすい」（下薬）のひとつで、体から悪いものを出す解毒作用を持っている。昔の沖縄ではお産をした女性に食べさせたそうだが、今では泡盛好きのおじさんが二日酔い防止のために、最後にこれを食べて締めている感が強い。

イカの墨は火にかけず、後からしごき出して混ぜるのが正当なやり方。熱によって風味が損なわれることがなく、最後の一滴まで墨の濃厚な香りが持続する。

らっきょうちゃんぷーるー

らっきょうと豆腐を炒め合わせただけの何とも素朴な料理だが、冷めてもなおご飯が進むくらいに味わいが深い。しゃきしゃきとした歯ざわりと豆腐の安定感とが相まって、いつまでも食べていたくなる。こういうものを子供のときから口にして原点としていれば、基本的な味覚は鋭くなるはずだと思う。これは「血澄ましぐすい」とも呼ばれ、火照ったりのぼせたりしたときに食べると、体から熱がすっと引く。沖縄ではこのように、食べることで「体を調節する」という意識が高い。夏の気候が激しいからという理由もよく上げられるが、医食同源の発想は中国大陸からそのまま伝えられたものだろう。大和へは漢方薬として僧侶がもたらした考え方が、沖縄では日常食として直截に反映されているようだ。

ひらやーちー

平たく焼いたから「ひらやーちー」だ。小麦粉をかつお出汁で溶き、塩で味付けしたお好み焼きのようにも思えるが、食感はもちもちとしていて韓国のチヂミに近い。昔はどこの家でも母親がおやつ代わりに焼いており、貧富の差を問わず具はニラかネギだけだった。

いかにも子供が小腹を満たすための副食のようでいて、実はこれにも「さぎぐすい」の効力がある。のぼせやすい子供にカロリーの高いものを食べさせるのではなく、体を鎮める効果のあるニラを用いることで、伝統的に体調をこまめに管理していたのだろう。子供は体に悪い味に手を出しがちだから、これくらい素朴なもので丁度よかったということだ。

炒め合わせ

英語のことで質問があると、彼女は必ず僕に電話をかけて訊いてくる。映画のなかで使われている台詞や、ニュース番組で耳にした新しい言葉など、未知のものを吸収しようとする好奇心は、七十歳を過ぎた今でも旺盛だ。自分はもう老人だからとやり過ごすところが少しもなく、気になった疑問はすぐにでも解決して次へ進もうとする。その日も読んでみたい英語の文章があったらしく、山本さんは仕込みの合間を縫って、電話で連絡をしてきた。どのような類のものかを大まかに尋ねてみると、しかし彼女は電話の向こうで急に口ごもり、そのまま黙ってしまった。「いや、やっぱり止めておこうね」という独り言が小さく聞こえ、やがて息を呑みこむようにして「今回のは、ちょっと恥ずかしいのよ……」と呟いた。

「メモみたいなものなんですけどね、実は二十年間ずっと肌身離さず持っているんです。五十三歳のときにお付き合いしていた最後の恋人にもらったラブレターで、今まで内容もわからずに来たんですよ。『コングラチュレイションズ』と『フォー・ユー』と書いてあるのだけはわかるんだけど、あとは全然読めなくて……」

その内容を目にしていいかどうかを確認したうえで、ファックスで送ってもらうことにした。ほんの一瞬ためらった様子だったが、二十年間ずっとわからずにいた謎が解かれれば、手紙を手渡した男性との思い出が新たに蘇るかもしれないと彼女は判断した。そのとき男性は妻を大阪の家に置いたまま那覇へ長期赴任しており、その際に山本さんと人ならぬ関係に落ちた。そしてしばらく続いたその関係を打ち切るために、ごく短い文章をしたためた。あえて英語で書いたのは、その男性が学者であったのが理由ではなく、後になって内容がわかってもらえればいいという、時差をつくるひとつの配慮であったかもしれない。

少しして彼女からファックスが届き、文字がかすれた文面を確かめてみると、「おめでとう」という言葉の後に、何かのメッセージが続いていた。しかし癖のあるハンド・ライティングがさらに崩れているために、容易に読み取ることは出来なかった。そして気になったのは「フォー・ユー」の後に続く言葉だった。ここで文章が終わりにならずに、目的語がもうひとつ置かれているということは、「ユー」に見える文字は「ユア」でなければならない。「あなたの何」に対して、彼はどのような想いを差し向けているのか、その「何」が解明できれば読めない箇所が予測できるのではと思い、僕は目的語の判読に取りかかった。少し時間がかかりそうなことを電話で伝えると、彼女は当時の様子を少し説明したうえで「粛々と待っております」と言った。

料理の世界に完全に身を投じるまで、山本さんは琉球舞踊の第一人者として活躍していた。沖縄では最高峰芸能に対して与えられる賞として、「芸術選賞大賞」(沖縄タイムス社主催)を受賞するにいたるなどその芸歴は華麗なもので、五十九歳で引退をして料理の道一本に絞った当時は、むしろその転身ぶりが周囲を驚かせたほどだった。しかし辻遊郭の伝統的な料理を受け継ぐ者は自分しかいないとの自覚は以前から強く、辻の尾類として料理を客に振舞っていた養母の崎間カマトから「とー、あんしやさ」との言葉を受けたときには、すでに意志は固まっていた。踊りと同様、中途半端な姿勢では辻の料理は成り立たない。首筋に塗った白粉に皺が目立つようになるまで続けるくらいなら、頂点を極めたときこそ現役を退いて、あとは養母ゆずりの料理に専念しようと彼女は誓っていた。

その引退から遡ること六年まえ、「山本琢子《あやこ》」という芸名を名乗っていた彼女は、それで最後となる第三回目のリサイタルを開いた。彼女の踊りをひとめでも目にしようと八百もの観客が集まり、関係者のひしめく終演後の楽屋には、花束を手にしたひとりの男性の姿があった。明らかに舞踊とは縁のない出で立ちで、琢子の姿を認めた彼は彼女に近寄り、労いの言葉と共にカードを添えた花束を渡した。その頃ふたりは以前のようには出逢えなくなっており、久しぶりの再会は本当の最後を意味してもいた。

「いくら私が独身とはいえ、先方には奥様がおられるのですから、ヰキガヌスル（男泥棒）とまで言われたこともありました」

ファックスを僕に送った彼女はそれで却って気が楽になったのか、「恋愛は永遠だけれど、人に話すぶんにはもう時効だからいいわよね」と言って、懐かしい様子で話を続けた。

「その人の身辺のお世話をするために、大阪から義母さんが見えられていたんですが、そんなことお構いなしに、ふたりで毎晩のように出歩いていたんです。食事をしたりお話をしたり、そうそう、ディスコも行ったのよ。まるでもう一回青春をやり直しているようで、彼は本業の研究に手がつかないようなありさまでした。私はその頃から小さなお店を開いていて、踊りと料理を両立させるだけで手一杯なのに、それでもふたりで会う時間だけは何とかつくれていました。いったい何がそうさせるのか、恋をして力が出ると、立場とか年齢なんて関係なくなるものなんですね」

山本さんの料理の原点には、養母である崎間カマトから伝えられた、舌の記憶があった。しかしただそれだけで成立へ向かったのではなく、大きく遠回りをするかのように、約四十年間にわたる琉球舞踊の時代があった。その舞踊は首里城からやがて民間に伝えられたもので、身の動きひとつから演目で語られる物語の内容まで、沖縄の伝統的な文化と教養が隅々にまで盛りこまれていた。

中学校すらまともに通えなかった山本さんはこのとき、踊りのなかに伝えられている琉球の精神を、自分の身に覚えこませるようにして学び取っていった。もとは宮廷から伝えられた舞踊と料理がひとつとなった「辻文化」の、その一方を欠いたまま料理の面だけを学んでいたら、自分の料理はどうなっていたと思うかと僕は以前に訊いたことがある。時代は戻せないものだからと、踊りをしてこなかった場合の自分の料理に想像がつかないまま、彼女はしかし毅然として言った。

「色気と言っては語弊があるけれど、技を磨き上げたところにその人ならではの色香や艶が魅力として出てくるのだとしたら、舞踊なしでは私の料理は間の抜けた退屈なものになっていたかもしれません。追求してゆく姿勢とか、手を抜けるものと抜けないものの見極めとか、どんな料理ひとつ取ってもそこには先達の生活文化があるのだという想いは、すべて舞踊から教えてもらったことです。逆に言うと、上達すればするほど傲慢になってはいけない、ということですね。私も師匠に教えられました、『技をもてあそぶと心を失う』って」

しかし彼女の舞踊への第一歩は、決して恵まれたものではなかった。女中として奉公をした先に勧められた縁組を、自分の言葉で断りきれずに自ら出て行ってしまった玉城アヤ子は、ふたたびカマトの住む糸満の実家へ戻っていた。それを見かねたカマトは、自分と同じ尾類上がりの人につてがあるからと、「乙姫劇団」への入団をアヤ子に勧めた。その劇団は、辻遊郭の尾類たちのなかでも特に評判の高かった女性たちで構成されており、「琉球の宝塚」として戦後の沖縄で大きな人気を博していた。本島各地での巡業から戻った劇団は那覇劇場で公演をしており、カマトはアヤ子を連れてその楽屋を訪れた。

❖

世が世であれば、辻遊郭など限られた特別の場所でしか見られなかった舞踊や芝居を、創設者にして団長の上間郁子は「乙姫劇団」を通して一般に披露していた。旗揚げは一九四九年、他にいくつかあった沖縄芝居の劇団のなかでも群を抜く人気ぶりを誇り、女性だけによる芝居の華やかさは、特に同じ女性客たちから圧倒的な支持を受けていた。このとき上間郁子を脇で支えていた副団長・大城由美と、山本さんの養母である崎間カマトは尾類のときから親しい間柄にあり、彼女はアヤ子のことを引き渡すように大城由美に預けた。

「劇団は辻の伝統をそのまま引き継いでいますから、規律がとても厳しくて少女を育てるにはいいと、かあちゃんは判断したのだと思います」

気位が高いだけではなく、実際に尾類として様々な素養を身に付けていたカマトは、血のつながりがないとはいえ自分の娘が普通の娘になっていくことに、幾ばくかの抵抗も感じていたのだろう。戦前の気風をまだ残している女の園に養女を入れたのは、自分が体験した世界に少しでも触れさせたいとの想いがあったはずだ、と山本さんは言った。

「お辞儀の仕方から箸の上げ下げの躾まで、華やかな世界の裏では厳しいところがあって、それはいいことだと私も思いました。しかし入団してすぐに琉球舞踊を教えてくれるはずもなく、スターのお姉さんたちの後でようやく食べられる食事は、具の残っていないお汁とご飯だけ。旅館には泊まらずに劇場で寝食を共にするような生活でしたから、私のような新入りはいつも舞台の袖で寝ていました」

それでもまだ那覇で十日間ほどの公演をしているときはよかったが、トラックに乗って地方へ巡業に出ると、舞踊とは縁のないただ貧しいだけの日々が続いた。持ち物は小さな箱に下着と着替えのみ、田舎では川で洗濯をさせられた。ちやほやされるのはひと握りのスターだけで、そんな彼女たちを幕引きをしながら目にしていると、むしろ羨ましいというよりも過去の栄華に浸っているようにしか見えなくなり、その姿にアヤ子は焦燥感を覚え始めた。

今はまだ人気があるとして、この人たちはこんな生き方をしたまま、将来はどうするつもりなんだろう。ここで満足しているようでは、逆にやがて取り残されてしまうのではないか。次の時代への一歩を、いったいどうやって彼女たちは方向を変えて踏み出すのか。憧れていた舞踊を教えてもらえないまま、トラックに揺られて本島じゅうを移動する日々に、生まれて初めて自分だけの不安を感じたと山本さんは言う。

「かあちゃんや玉城家での人間関係や、他にもいろいろな人たちに振り回されてきた挙句、トラックにいま乗せられている自分は本当に行き先のない場所へ向かっているような気がしてきて、心底怖くなったんです。今で言うと、ようやくそのとき自我が芽生えたということなのかしら……。後で親しくなった詩人の船越義彰さん（故人・辻文化や琉球芸能の歴史に通じた沖縄の文化人）が、ちょうどその頃の私の姿を見ていて、『幕引きのために舞台の袖にしょんぼりとすわっていて、寂しそうな子がいるものだなあと思った』と、聞かされました。たぶんそのときがもう限界だったんでしょうね」

終わりかけている夢をそれでもまだ見ている世界のなかで、その夢を自分のものにしたことさえないアヤ子は、十カ月で劇団に退団を願い出た。そして玉城家の長女が嫁いだ「まちやーぐゎ」（町の商店）で手伝いを始め、そこに出入りをしている男性としだいに懇意になった。米軍基地へ水を供給する民間会社の技術者で、年齢はアヤ子より四つ上の二十二歳だった。基地に出入りの許される仕事は、五〇年代当時の沖縄では花形のひとつであり、給料がいい上に英語を身に付ける機会もあるということで、結婚をするには申し分のない相手だった。また二十歳までに結婚をしないと女として見做されない風潮が支配的だったこともあり、アヤ子はごく自然な成り行きのままその男性と結婚をした。そして翌年には娘の智子を出産し、いよいよ親子三人の新しい生活が始まるというときに、またしても難題が持ち上がった。智子が生まれてまだ五カ月しか経っていなかった。

「幼い智子を連れてわずか二年で離婚することになったのは、言うまでもなく崎間カマトが原因です。このとき彼女の子宮には筋腫が出来ていて、あまりの辛さに私たちの新居にころがりこんできたんです。月のものが来るたびにそれはひどい苦しみようで、さすがにもはや放ってはおけない状態でした。その面倒までも一緒に看ろとは夫には言えず、同居が無理なのなら私から出ていくしかない、と自分から切り出しました。あなたは最初から他人だけれど、養母と子供には自分に責任があると言って、申し訳ないけれど縁を切ってもらったんです」

そして病身の母と七カ月の乳児を抱えたアヤ子は、嫁ぎ先を後にして那覇の栄町に向かった。タライと鍋と着替えだけを持って、ようやく落ち着いた四畳半のアパートには、コンロがひとつあるだけだった。さすがにカマトも世話になるばかりでは申し訳ないと思ったのか、尾類上がりの知り合いがやっている栄町の旅館で、下働きを始めた。料理以外のことに手を染める彼女の姿を見て、山本さんは切なくて胸が重くなったという。

「今でこそ四十歳代後半で働いている女性は普通にいるけれど、当時の常識でそんなことをその歳の女性にさせるのは、考えられないものでした。そこで智子のことをかあちゃんに見てもらいながら、私が働きに出ることにしたんです。まだ小さな子供なのに愛情を充分にかけられなくて、そのことは智子に悪かったと今でも思っています」

その後彼女はパチンコ店など転職を重ね、最後は栄町にある料亭に職を得て落ち着いた。ここでは琉球舞踊を習うことが出来、踊り子として客のまえに出る生活が、本格的に始まることになった。病人と幼子を抱えた彼女は、どうしてもここで身を立てなければならなかった。

❖

沖縄の秋は、気づかないとそうとは知らないまま通り過ぎるほど、短くそして繊細だ。しかしそのわずかな期間に滞在する機会に恵まれると、素晴らしく爽やかな天候を体験することが出来る。日中の気温は三十度にほど近いというのに湿度が低く快適で、夜になると昼の名残をふくんだわずかな熱のなかに、肌を撫でるような涼風が吹きぬけてゆく。大和の秋とはまったく違う、南国の情緒を感じさせる夏への別れだ。

もはや暑くはならないというその時期を迎えると、イカの美味しい季節となる。刺身はもちろんのこと、沖縄料理独特の「イカ墨汁」がいよいよその真価を発揮し始めるのが、乾いた風の吹くこの時分だ。気に入ったイカが手に入らないと、この料理を店に出さない山本さんから、ある秋に連絡があった。申し分のないイカが揚がったから、とりあえずそのことだけは伝えておくと。

イカ墨汁は見た目は真っ黒、豚とイカの切り身がごろごろと入った、食べてみないことには味の想像がつきづらい食べ物だ。しかしその黒い汁には上品なかつお出汁と調和の取れた豚の旨みが濃厚に溶け出しており、すすってみると滋養溢れるやさしい味が体じゅうにひろがる。ほどよく味を含んだロースの感触と、それとは対照的にはじけるような食感を持ったイカの新鮮さが、強すぎない味と相まっていくらでも食が進む。今まで口にしてきた美味しいものの記憶ではなく、体のなかで眠っていたものが徐々に起こされるような感じがある。美味や贅をいたずらに求めた料理ではなく、体が求めるものや欲するものに食として応えた、医食を兼ねたものが沖縄料理には多いことを改めて思い知らされる。

彼女の言葉に誘われるままに那覇へ行き、店の奥間へ上がったときのことだ。鉄鍋に出来上がっているイカ墨汁を厨房から運んできた山本さんは、鍋敷きの上にそれを置いて、別の小鉢に手を伸ばした。そこには親指大ほどの、墨袋が乗せられていた。

「イカ墨汁をやるときは、火から下ろして最後に墨を入れるんです」

手馴れた様子で墨の袋を指でしごきながら、これだけは他の者には任せないといった表情で、彼女は言った。墨の扱いひとつで、味が変わってしまうような真剣さだった。

「イタリア料理では熱を加えてしまいますが、イカの墨は火を通した瞬間に風味が落ちてしまうものなんです。最後まで搾りきって汁と混ぜ合わせたのが、いちばんの食べ頃。さあ、どうですか」

イカの墨が持つ濃厚な風味と、やがて舌を包んでやまない特有の甘みが重なり合うように襲ってきたのを、今でも忘れることが出来ない。多めに入れた「んじゃなばー」(苦菜)のアク味が甘さを引き締め、体のなかへするすると入っていく。

「智子を産んだ後にも、二日ほど私もこれをかあちゃんから食べさせられましたよ」

ようやく自分の椀に汁を用意した彼女は、昔のものは美味しいねえと言いながら、当時の話をしてくれた。

「こういう食べ物は沖縄では『さぎぐすい』(下薬)と言って、体のなかの悪いものを外へ出す解毒作用があるんです。のぼせにも効果があるし、たぶん二日酔いにもいいはずね。食事がしっかりとしていれば、市販薬なんか本当は要らないのね。私もこれのおかげで産後が楽だったし、おっぱいを止めるときは牛肉とふーちばー(ヨモギ)の汁で、ぴたっと出なくなりましたから」

秋の風が吹いていた那覇のその夜を思い出しながら、自宅へ送られてきた二十年まえのラブレターを判読する作業を、僕は冬の横浜で続けていた。最初の文字はやはりどうしてもわからず、「ユー」のように読める「ユア」を受ける言葉は「ムービング」としか読めなかった。リサイタルを祝う花束に添えた手紙は、労いの言葉を向けたものを装っていると同時に、ふたりにしかわからない出来事への想いがこめられているはずだった。男性が女性に向かって「あの君の○○」という言葉を使う以上、そこにあるものは愛情しか考えられなかった。

彼女からファックスを受け取った数日後、僕は電話で質問をしてみた。もしかしてリサイタルの前か後に、「引越し」をされたようなことはありませんでしたか? 愛をこめたはずの大切な手紙になぜそのような文言が現れるのか、原因を探ることはまったく出来なかった。すると質問の直後に彼女は電話の向こうで硬直したようになり、普段とは違うやや上ずった声で「しました……。したんです、リサイタルのまえに引越しをしたんです」と、どこか震えるように早口で言った。

大阪から奥さんが那覇に出てきて夫の世話をすることになり、山本さんと彼は普通の関係に戻らなければならなくなっていた。そのとき彼女は、自分から身を引くようにしてごく小さな部屋を借り、もうふたりで逢うことが出来ないようにと、ひとりでそこに住み始めた。いずれ近いうちに正式なお店を出すために、節約をしておく必要もあった。

「その引越しに関して、彼は最後に何かの言葉を贈りたかったようです。字は読めませんが、覚悟と感謝の意が表されているように思います」

すると彼女の息遣いが荒くなり始め、歓喜とも哀切ともいえないため息が洩れた。そうなの、あの引越しのことで何か言いたかったのね、と彼女は言い、「もうこれ以上は無理だからごめんね」と告げて、電話を切った。時を超えて、ようやく何かが伝わったようだった。

どぅるわかしー

見た目の豪勢さばかりを競うよりも、素材と味つけにいかに工夫と手をかけたかが、辻料理ひいては沖縄料理の伝統だ。現在でも沖縄で広く食されている「ターンム」（田芋）を用いたこの「どぅるわかしー」も、一見したところいかにも素朴な郷土料理のようだが、豚のバラ肉、シイタケ、かまぼこなど旨みの出る素材をかつお出汁と合わせることによって、「だしくぇむん」（旨みが何重にも重なっている状態）の贅沢料理となっている。

写真ではわかりづらいが、練ったターンムのなかには各素材の他にも、「タームジ」と呼ばれる田芋の茎が入っている。繊維質に富んだタームジをさり気なく混ぜることで、粘り気のなかにもさらっとした食感を生み出し、食べやすく食が進むように出来ているのだ。

田芋の爽やかな香りに抱かれるようにしてひと口ずつ食べ進めていくと、豚やしいたけなど、それぞれ風味も旨みも異なった食材が口のなかで重なり合い、実に繊細な料理であることがわかる。花街で互いに料理を競い合っていた女性たちの発想と工夫によって磨き上げられた、上品で可愛らしい逸品だ。

タームジの汁

ターンム（田芋）は里芋とほぼ同じ種なので、その茎であるタームジは「ずいき」に近いものと言ってもいいだろう。しゃくしゃくとした食感と、ほんのりと青臭い風味は、京都や加賀の料理でも重用されているように、他に合わせるものによっていくらでも上品になる。

このタームジの個性を引き立てるために、山本さんは白身魚を用いる。刺身くらいの大きさに切ったものを塩で締めて蒸し、その後さらに型くずれの防止と香りを引き出すために、強い火で表面をあぶる。茎の根元についた小芋がほくほくと美味しく、油を少しだけ垂らした味噌汁の香りが、焼いた切り身と何とも合う。沖縄料理にはよく見られることだが、素朴な家庭料理のようでいて、完成度しだいでは高級料理にもなってしまう。

カシジェーの和えもの

タームジを用いた3品目。「カシジェー」とは泡盛を蒸留させる際に出る「米麹の残りかす」が液体状になったもので、灰色の外見はとても口に出来るものとは思えない。ひと口舐めると強烈な酸の刺激があり（さらに蒸留させると「もろみ酢」となる）、普通であれば廃棄物になるところだ。

しかしこのカシジェーにみりんと塩を少し入れて火にかけ、アルコール分を飛ばしてしまうと、何ともまろやかで爽やかな口当たりになる。やや酸味の利いた風合いは独特の奥行きを持ち、大人の味と言っていいだろう。

味の落ち着いたカシジェーに、タームジと焼いた白身魚を和えていただく。単なる酢の物とまったく違うのは、泡盛が本来持つ風味がじわりと効いている点で、当然ながら泡盛との相性は最高だ（もちろんその際は水割りではなく）。パンチのある味に爽やかなタームジの対比が、互いを見事に引き立て合っている。

タームジの記憶

小さな椀に盛られた「どぅるわかしー」を見ていると、こんな何気ない料理のなかにこそ、実は琉球料理の特徴と粋がすべてこめられているのだとつくづく思う。素朴な風貌なのに、よく見ると色合いが可憐なのだとわかる、さりげなく工夫された洗練。華美さや豪華さなどの見てくれを競うことは決してせず、美意識は懐にしのばせるものとして表現されている。これは料理に限らず、舞踊や音楽など琉球の文化に普遍的に見ることの出来る傾向で、仰々しさを蔑む気風に支えられてのものだと言っていいだろう。格式ばったところは少しもないのに、守るべきところは守られたまま、本当は高度であることを端のところだけ見せるのが、琉球の伝統的な知性の在り方だ。

味と調理の面でも、どぅるわかしーは琉球料理の基礎と洗練の両面を見せている。たとえば最初に口にふくんだときのその味わいは、どこか懐かしくやはり素朴だ。戦前の田舎料理にこのようなものがあったのではと思わせるような、心安らぐ親しみやすさを持っている。しかし食を進めてゆくと、爽やかで庶民的なターンム（田芋）の香りの奥から、具の持つ旨みと風味が次々と華やかに重なってゆく。豚のバラ肉、シイタケ、かまぼこ……ひとつひとつの味と食感がはっきりとしていて、芋の香りがそれぞれの個性を引き立てながら、しっとりとやさしく包みこむ。味は淡白でさえあるのだが、味わいそのものは濃厚なのだ。

実のところ沖縄料理の大半は、大和の料理に比べて塩がまったく強くない。素材の味を引き出すために塩を使う程度で、醤油もほとんど用いられない。基本的には淡白な味つけで、その代わりに「だし」を豊富に用いて、それを幾重にも重ねるところに特徴がある。たとえば「どぅるわかしー」は、前記したようにターンムが主な食材となっている。これを蒸してすり潰すのだが、それだけでは粘り気が勝ってしまうので、茎（タームジ）の繊維質を混ぜることで食感をさらりとさせる。

ここに濃厚なかつお出汁を入れ、塩をして炒めふくませる。塩はターンムの爽やかな香りを引き出し、だしは具の味を受け止める基盤となる。そしてその基盤に、それぞれの具が持つだし（持ち味）が重ねられていくことになる。「味をつける」のではなく、「旨みを重ねて調和させる」のだ。この基本的な特徴を把握していないと、自宅で再現しようと試みても、なかなか上手くいかない。「だし」が重なり合ったところを想定することが出来ずに味見の段階で不安になり、塩や調味料をよけいに加えてしまいがちなのだ。もちろんこれでは味が濃くなりすぎて、最後には似て非なるものが出来上がる。

だしが重なった味が茫洋としたものとして感じられても、最後にほんの少しだけ塩で調整すれば、魔法のようにぐんと旨みが引き出される。この状態を沖縄では一般的に「あじくーたー」と言い、より詳細に表現するなら「だしくぇむん」という言い方がある。この言葉について、山本彩香さんの著書『てぃーあんだ』にはこのような一節がある。「花風やかーぎくぇむん。どぅるわかしーやだしくぇむん」

花風という踊りは踊り手が美人（かーぎ）であればあるほどよく、どぅるわかしーは、「だし」があればあるほどよい、という意味だ。鰹だけではなく、具まで含めてすべてが「だし」であり、素材の持つ旨みをふんだんに引き出してこそ馳走なのだとここでは言っている。

ところで「どぅるわかしー」を「踊り子」に譬えている粋に、ここでお気づきだろうか。芋が主体の田舎っぽい料理でも、あるいは気立てのよくない田舎の娘でも、工夫をして磨きをかければ、目を見張るほどのものになるというのだ。見方を変えれば、どぅるわかしーは最高の踊り子と比べても遜色のない逸品であることがここでは語られており、その洗練は古くから、辻遊郭の尾類たちの情熱によって競い合われていた。山本さんのどぅるわかしーも、辻で料理上手と謳われた養母の崎間カマトからじきじきに伝えられたものであり、カマトはその味を、「四つ竹」という料亭で料理の腕を奮っていた津覇ウトゥから教えられた。どの料理ひとつ取っても、そこには尾類ごとに知恵と工夫が加えられており、競争意識も相まって洗練は極度まで高められた。

その遊郭も戦争によって消滅したが、戦後まもなくすると、尾類上がりの女性たちによる料亭が那覇の中心街や現在の辻町に建ち並び始め、ここに往年の辻料理が復活することになった。元尾類の女性は女将として経営と接客の側にまわり、調理は彼女たちの手によって雇いの板前に伝えられた。どの料亭も、地元の企業や日本から仕事で訪れたビジネスマンたちの接待の宴会で連日のように賑わい、酌婦や踊り子は常に人手不足の状態だった。幼い娘と病身の養母を抱えて糸満から出てきた二十歳の山本さんも、そのような料亭の世界へと足を踏み入れることになった。

しかし尾類上がりの女性たちが取り仕切る「戦後の辻」とでも言える世界のなかで、山本さんは「やなわらばー」（扱いにくい少女）として疎まれることが多かった。貧乏だったので彼女ひとりだけが異様に痩せこけ、養母が尾類だったとはいえ自分にはその経験がない素人で、それなのに気が強く我慢がならないことには平気で口を出していた。それに加えて彼女だけが結婚経験者で子供まで抱えており、元遊女や若い踊り子たちのなかにあっては異端であり続けた。

「普通に考えれば子持ちの踊り子なんて、男性が魅力に思うはずがないですよね」

当時は生活の糧を得ることしか頭になかった山本さんは、自分の置かれていた立場をそう振り返る。

「職場では浮いているし、客に誘いを受けても乗らないし、店にしてみれば厄介な存在だったと思います」

ところがその異端さが逆に幸いして、彼女はのちに特別の出会いをすることになった。明るく振舞いながら踊りに磨きをかけていた彼女のことを、心では正当に評価している人物もいた。その人物は料亭の世界から足を洗うきっかけを、人生の支援者として最終的に彼女に与えた。

❖

料亭が盛んだった昭和三十年代当時、尾類上がりでさえあれば店が簡単に持てたわけではなく、美人なうえにジンブン（知恵や器量）にも恵まれたごく一部の「分尾類《ぶんじゅり》」だけが、旦那に出資してもらう栄誉を授かることが出来た。山本さんが最初に踊り子として客のまえに出た料亭「淡水」も「ちーじんちゅ」（辻の尾類上がりの女性）が経営する店で、豪華な赤瓦を乗せた「赤ガワラヤー」で供されるソーキ（豚のスペアリブ）の煮付けに、彼女は目を見張らされたという。

「後で聞いたらかあちゃんは知っていたけれど、そのときの私は見るのも食べるのも初めてです。こんなに美味しいものが世の中にあるのかと思って、本当に驚いたものですよ。庶民はもちろん普通の宴会でも口に入らないような代物で、ちーじ（辻）の料理のレベルがいかに飛び抜けていたのか、改めて思い知らされました」

那覇の栄町のパチンコ屋で玉売りをしていた山本さんこと玉城アヤ子は、男女を問わず客から可愛がられる存在だった。それぞれの懐具合や表情を察しては玉の出を工夫していたからだろうか、気がつく娘だということで、たちまちのうちに評判となった。しかし給金は軍票四円の家賃を払うとごくわずかしか残らず、彼女を加えた一家三人は米と魚と汁物だけの食事で何とか飢えを凌ぐ生活を強いられていた。

しかもそこへ追い討ちをかけるように、アヤ子ははしかを発病した。病院へ行くお金はなく玉売りの仕事を休んで自然に治るのを待ち、完治したところでようやく赤茶色のスーツを質に入れた。軍票二十円だった。

そんな様子を見かねたのか、パチンコ屋へ戻ってきた彼女に、常連の女性客が思い余って声をかけた。私の住まいがある路地の奥で、尾類上がりのネーネーが料亭を経営しているけれど、口を利くからそこで働いてみてはどうかしら……。職種は踊り子だったが、当時その手の料亭で踊り子や酌婦をするということは、ほぼ戦前の習慣そのままに、ときには男性の客を取ることも意味していた。しかしそのことは自分なりに対処をすればよいと腹を括って、アヤ子は「淡水」に就職を願い出た。給料は軍票で十二円だった。

踊りをする以上は教室へ通うことが必須とされ、彼女はその月謝を給料から自前で払った。生まれつき筋がよかったのか、踊りの技術では瞬く間に先輩たちに追いつくことが出来た。日本人とのハーフなので沖縄にあっては顔立ちはむしろ個性的で、彼女を気にかける男性客もしだいに現れ始めた。しかしアヤ子がその誘いを言外に退け続けたことで、彼女に対して寛容だった女将もそれを問題視するようになった。尾類上がりの彼女からすれば客を取るのが当然で、料亭の評判にも直接につながっていたからだ。

「あの人と寝ろ、どうして客を取らないのかと、あまりに執拗に口にするようになってきたので、淡水は半年で辞めることになりました。踊りの教室で知り合いになった他の料亭の女将さんが目をかけてくれて、それで自分のお店に私を引き抜いたんです」

その女将は宮平敏子といい、戦前最後の辻遊郭の若い尾類たちの間で抜群の人気を誇っていた。美人であるうえ性格がやさしく人を見下すところが少しもなかった。着物を一枚も持っていなかったアヤ子に対して、彼女は自分の呉服を普段着として何枚も分け与えた。料亭は国際通り近くの松尾にあり、屋号は「松華楼」といった。

宮平敏子は、「國場組」（戦後沖縄の礎を築いたとされる建設業者）の創業者・國場幸太郎が抱えていた妾と、「じゅりちょーでー」（尾類兄弟）の間柄にあった。ふたりは戦前まで同じアンマー（抱え親）の下で置屋暮らしをしており、分尾類のなかでも最高位の評価を分かち合う仲だった。その縁があって、妾の女性は本部町《もとぶちょう》に住む國場の両親を世話することになり、片や宮平敏子は「松華楼」の経営を一手に任された。料亭は連夜のように國場組の関係者たちに利用され、ただそれだけで店は大いに潤った。赤瓦を載せた二階家で、踊り子専用に用意された化粧室の広さは「淡水」とは比較にならなかった。給金も倍近い二十五円だった。

「私はこの店で、踊り子として成長させてもらったようなものです」

まえにいた料亭の女将とは一転して、宮平敏子のことに関しては、感謝の念を隠さずに山本さんは言った。

「化粧室には踊り子用の着物もすべて用意されていて、踊りに専念すればそれでよかった。子持ちの私が客を取らないことに関しても、彼女は同じ女性として理解を示して庇ってくれたんです」

しかし一見したところ華やかで好況な料亭の世界は、文化的な面においては、戦後十年を経て早くも陰りを見せ始めてもいた。床は取るものの女性を妾にするという習慣はもはや廃れ、一九五八年に軍票B円から通貨がドルへ切り替わって経済圏が広がったことで、日本の文化や風習が急速に流れこんできた。辻の料理を頑なに守るという姿勢は好況ゆえにその必要性がしだいに薄れ、代わりに和食やエビフライなどの洋食が、積極的に宴会のメニューに取り入れられるようになった。

好景気ゆえの瓦解は、崩れ始めるとその後が早かった。あるいはその動きは、アメリカに統治された戦後沖縄の急速な変化と連なっていたと言ってもいい。巨大な軍事基地とさしむかいになった沖縄は、いちどは日本に奪われた自らの文化を、自覚的に掘り起こすことに熱を入れ始めていた。戦争中に廃れかかっていた民謡を新たに復興させる者が現れ、埋もれたままの琉球舞踊の作品に再解釈を与え、そこへ体系づけをする活動も盛んに試みられるようになった。いずれもが、戦前の日本が沖縄に同化を迫って闇に葬ったものだった。そしてその日本が去って次に異国人の支配を受けたとき、沖縄は日本に否定された文化を自分たちが存在する根拠として、アメリカに高く掲げるようになった。

その熱気のなかで料理だけは従来の伝統を急速に失い、もはや風前の灯といった状況へ崩れ落ちつつあった。元からが裏の世界で密かに培われてきた文化と一対にあったからだろうか、辻遊郭を源流とした料理は戦後のいっときだけ表の舞台に現れ、新たな飲食産業や娯楽の近代化と共に、その役割の終焉を皮肉にも告げられつつあった。

❖

伝統的な料亭のスタイルではやっていけなくなった経営者たちは、店をたたんで現在の辻町へと集結し始めていた。ここだけは料亭の建ち並ぶ新しい歓楽街のようであり、地元の経済人や大和の取引先などを客に、宴会の場を提供していた。

宮平敏子も斜陽となった「松華楼」をたたみ、最高位の尾類として名高かった上原栄子の経営する当時最大の料亭「松乃下」へ身を寄せた。働き場を失った玉城アヤ子は栄町を出て辻町にほど近い久米にある市営住宅へ移り、「小川荘」で踊り子として再出発した。

「このときにちょっとした面白いことがありましてね。市営住宅に入ることが出来たのは『松華楼』にときどき顔を見せていらっしゃった当事の市長さんのおかげなんですよ」

アヤ子を初めとした娘と養母の三人は、家族であるというのにそれぞれの姓名が異なっていた。養母カマトの姓名は元からの崎間、アヤ子の籍はカマトの嫁ぎ先であった玉城に残してあり、娘の智子はアヤ子の夫だった平良姓を名乗っていた。これではいくら家族でも市営住宅に入居する際の審査には通らないということで、市長は自らの権限でじきじきに三人の入居を認めた。

やっと新居に落ち着いたものの、アヤ子はまた大きな借金をしなければならない窮地に陥っていた。娘は病気がちで自分は盲腸を患い、かねてより子宮筋腫を抱えていたカマトは、いよいよ摘出手術を受けなければならない限界を迎えていた。そのつど彼女は新しく入った「小川荘」から借金を重ね、膨らんだその額は五百ドルにもなっていた。給料ではとても払い切れない額で、毎月のように前借りを続けた。元金はいつまで経っても減らなかった。

それを見かねた女将は、自分の名義で無尽会社（当時の相互銀行）から五百ドルを借金し、それをアヤ子が月賦で返済できる仕組みをつくった。二十四歳の踊り子の稼ぎでは、やはりふたりの扶養家族を支えていくには無理があり、かといって女将も客の誘いに応じるように勧めるわけにもいかなかった。そしてそのような懸命な姿が健気に映ったのか、アヤ子の事情を知るふたりの客が、真剣に目をかけるようになった。

「もうひとりの方を選んでいたら、私はやくざの妻だったかもしれませんね」

それでもひとかどの人物であったことを仄めかしながら、山本さんは堅気の男性客にしだいに心を惹かれていった。地元の大手企業で常務を務める四十代の人物で、彼女よりも十八歳年上の彼は、まったくの無条件で月三十ドルの小遣いをアヤ子に渡した。見返りの期待はなく、彼女の生活を支援したい一心で彼は定期的に料亭へ顔を見せた。自分のまえで踊ってくれればそれでいいからと彼は言い、あくまでもその謝礼として彼女に包みを持たせた。そして個室のなかでの事実上の逢瀬が重なる毎に、アヤ子は料亭の従業員ではなく、ひとりの女性としての自分を感じるようになっていった。

ある日その人物は、彼女に意外なことを口にした。きみもそろそろ二十五歳になるのだから、琉球舞踊の新人賞を目指してみてはどうか。当時の料亭界のしきたりでは、新人賞を取った踊り子は舞踊の世界に正式なデビューをはたしたものとして、店を辞めなければならないことになっていた。したがって彼の勧告は、彼女に料亭の世界から足を洗わせることを、そのまま意味していた。月に三十ドルを渡していた男は、最後の仕上げにかかっていた。舞踊界にデビューした堅気の女性に対しては、もはや逢瀬も不可能だった。

小川荘の対面には、踊りの名門として知られる島袋光裕の教室があった。島袋は那覇でも随一の資産家の息子で、早稲田大に進んだのちに故郷へ戻り、琉球文化の研究に日夜専心していた。踊りにかけても超一流で、彼の教室は沖縄のなかでも群を抜いた評価を誇っていた。その島袋光裕を男はアヤ子に紹介し、自らが保証人なって入門を実現させた。そして「これで道が拓けたから」とアヤ子に告げ、島袋には「この娘をよろしくお願いします」と言って頭を下げた。アヤ子が抱えていた借金の五百ドルもちょうど返済が済んでおり、男はそれを以ってふたりの関係を終結させた。

「あの人は命の恩人であると、今でも忘れずに感謝しています」

最後には大人の関係であったことを匂わせた山本さんは、感情を抑えこむように口を開いた。

「私は彼と島袋先生のおかげで一年後に新人賞を取り、それが機会になって東急ホテルに勤めることが出来るようになりました。踊りの専門部署のようなものがあって、そこの係長を任せていただいたんです。そんなある日……私が三十歳くらいだったから五年後でしょうか、彼の勤める会社が倒産したことを新聞の報道で知りました。そこで居ても立ってもいられなくなって、彼のもとへ行って五百ドルをお返ししようと思いました。そのときの私は、県庁の役人の三倍くらいのお給料をもらえるようになっていましたから」

しかし彼は、頑としてアヤ子の申し出を受け入れることはなかった。見栄や自尊心で拒んだのではなく、それを本当に受け取ってしまうと、彼女との関係が本来の男女のものではなくなってしまうと判断したからだろう。

彼にどぅるわかしーをつくって食べさせたことはありましたかと、僕は訊いてみた。すると彼女は毅然として「それはありませんでした」と言った。

「踊りに専念することで道が拓けると私を送り出してくれたのですから、それに応えるのが礼儀だと自分でも必死でしたよ。まして先方にはご家族がいらっしゃるのですから。夫婦の真似事などするはずもありませんでした」

彼女はもちろんのことその男性にとっても、ふたりの関係は人生を左右するほどの緊迫感と真剣さを伴ったものだった。時代は大きく変わり始め、その動きは彼女に新たなる人生を歩ませていった。

ラフテー

琉球料理を代表し、王朝時代からの影響を色濃く残しているのが、この「ラフテー」だ。琉球へ初めて豚がもたらされたのは14世紀後半、福建省の一民族である「閩人《びんじん》」が現在の那覇市久米に大挙して渡来し、その際に黒豚も船に載せられて来た。以降、芋を餌として繁殖がなされ、明からの大使節団を首里城に受け入れるたびに、彼らが喜ぶ料理が宮中で振舞われた。

その料理はやがて辻遊郭の尾類（芸妓）たちの手で洗練の度合いが高められるのだが、庶民のあいだではつくり易い醤油味の角煮が主流となり、山本さんがお店で提供しているようなラフテーは、いまや希少となりつつある。

西京味噌をかつおの出汁で溶き、そこへ、ジーマーミをすり潰したものを混ぜて三枚肉へかけている。閩人たちはピーナッツ・ソースの扱いに長けていたと言われ、約600年の長きにわたる歳月を経たその特徴が、山本さんのラフテーには図らずも残されている。

三枚肉とセロリのイリチー

「ラフテー」のために三枚肉をカットしたときに、お客さんには出せない半端な大きさや形の部分が残ってしまう。これを集めて醤油やみりんで煮付け、歯応えのいい青菜とイリチー（炒め煮）にする。今日もお疲れさまのまかない料理だ。

三枚肉の特徴は脂と赤肉が層をなしていることで、この部位に豚の旨みが凝縮されていると言ってもいい。沖縄では皮の部分も捨てることなく、こりこりむちむちとしたコラーゲンたっぷりの食べ方がされている。こんなに美味しいものがなぜ大和では利用されないのか、食の体系が違うとはいえとても残念だ。

皮つきの美味しさを体験されたことのない人は、お近くにある沖縄料理の店でぜひ賞味してみてください。臭みなどまったくなく、皮のない角煮が物足りなくなること請け合いです。

沖縄ごぼうを
豚の皮で巻いたもの

味わい深い食感を楽しめる皮の部分を、より美味しくいただくために試作してみた。裏側についた脂肪分を庖丁でていねいに取って熱を通すと、内側に向けてくるんと丸くなる性質を豚の皮は持っている。その様子を見るたびに、なかに何かを入れたらもっと美味しくなるのではと、山本さんはずっと思っていた。そして今回、香り高いごぼうと合わせてみた。

薄口にした醤油の味とごぼうの風味が皮に浸透し、見た目は素朴だけれど上品で高級な一品として仕上がっている。アクセントとしてふーちばー（ヨモギ）などの香草と合わせると、より美味しくいただけるだろう。

ちなみに色合いのために添えた野菜「はんだま」（ツルムラサキの一種）と呼ばれ、表は緑、裏は紫の葉を持っている。炒め物にしても美味しいが、生のままサラダで食べると、やや苦味のある個性と歯応えがより味わえる。

豚のこと

「啼き声以外はすべて食べる」と言われるほど、沖縄では食材としての豚を隅々まで無駄なく工夫して、様々な料理へと伝統的に活かし切ってきた。肩ロースやAロース、そしてヒレなど代表的な部位はもちろんのこと、たとえば肋骨付きの肉は「ソーキ」として出汁を取るのに重用され、その後味を加えることで「すば」の具材となったり、煮付けとなったりもする。

ゼラチンがたっぷりと摂れる手足は、脂肪を徹底的に落としたうえで「ティビチ」として食される。見た目が苦手だと言う人もいるけれど、味はあくまでも繊細でしかも複雑だ。出汁と煮合わせることで味の奥行きをつけており、豚料理のなかでも上品な部類に属すると言っていいだろう。

啼き声以外は残さないというのだから、顔の皮（チラガー）も利用するし、耳の皮（ミミガー）は酒の肴として抜群の力を発揮する。こりこりとした食感をジーマーミで味わうのもいいし、逆に軽い塩味にしてシークヮーサーを搾りかけるのでもいい。国際通りを牧志から折れたところにある公設市場は、いまや地元の台所というよりも観光のスポットとして有名だが、鼻を突き出した豚の顔の皮がそのまま展示されているのを見て、驚いた人もきっと多いことだろう。豚を何ひとつ無駄にせず、粗末に扱うこともなく、日常の食品として長く継承してきた歴史の厚みには、僕は畏敬の念すら覚えてしまう。

小腸や大腸などは、そのままずばり「中身」と呼ばれる。こう言われたら返す言葉もないけれど、澄まし汁のような汁物から炒め物にいたるまで、料理のレパートリーの数多さには驚かされるほどだ。よほどのお金持ちでもないかぎり、戦前には年に一度か二度しか潰すことの出来なかった貴重な豚は、沖縄料理の歴史のなかにあっては長き佳き隣人であり、そして生命を支えてくれる神のような存在でもあったに違いない。

その豚肉の魅力を最大限に余すところなく味わわせてくれるのが、三枚肉（バラ）だ。脇から胸を経て腹部にいたるこの肉は肋骨を包んでおり、脂肪と共に層を形成している。脂には豚の持つ本来の旨みが凝縮され、赤肉の持つ歯応えがそこへ重なると、確かにこの部位が最も人気があるのがよくわかる。そしてその脂と赤肉のハーモニーは、コラーゲンたっぷりの皮をプチッと嚙み切ることで完結する。それぞれの層を手で引き裂きながら、違いを味わって食べるのもまた楽しい。

山本さんのお店でも、三枚肉を用いた「ラフテー」は代表料理となっている。沖縄のさる高名な文化人から「豆腐ようとどぅるわかしーとラフテーがあれば、あなたはどこへ行ってもひとりでやっていけるさぁ」と評されるほどで、彼女のつくるラフテーを超えるものに出会ったことは、幸か不幸か僕の場合もいちどもない。一般的な沖縄の料理店で見られるような醬油による煮付けではなく、白味噌とジーマーミ、そして砂糖やみりんで上品かつほんのりと甘めに仕上げているのが、彼女のラフテーの特徴だ。これもまた琉球王朝をルーツとする辻料理の名残で、歴史の上に立った伝統の厚みと、それを絶やすまいとする彼女の気迫が、そこからは感じられる。

ところで沖縄へいつ豚が持ちこまれたのか、その歴史を手繰ると実に興味深い史実が浮き上がってくる。沖縄における豚の歴史は、琉球王朝が明と交流を深めてゆく過程そのものでもあったのだ。山本さんは料理人の実感として「琉球料理は中国料理からの影響が七割、日本のものからが三割」と著書のなかで語っているが、その原点は十四世紀頃、日本の戦国時代にあたる「三山時代」（北山、中山、南山の三大勢力から成る）の前期にあった。

衰退寸前にあった「中山」を立て直し、勢力を巻き返していた察度《さっと》王のもとへ、明からの使者が訪れた。このとき使者の求める朝貢に察度王は応え、その見返りとして明の皇帝から「中山の国王」としての承認と褒美が授けられた。「冊封体制」と呼ばれる明王朝からの認証制度で、これを機会に琉球と中国の交易が始まり、その流れのなかで豚も琉球へもたらされることになった。

豚の料理法など知らない当時の琉球は、「フーチョー」（料理人・庖丁を琉球風に音声化した言葉）を中国へ派遣して料理を学ばせ、一方では明におけるエリート集団が、察度王の要請によって琉球へ呼び寄せられた。彼らの持つ学識や技術をじかに学ぶことで、中山の勢力をより充実させようとの狙いがそこにはあった。福建省の閩族であった彼らは閩人《びんじん》と呼ばれ、現在の久米にあたる地域に住居を構えたために、「久米三十六姓」とも言われた。ちなみに三十六という数字はそのまま人数を示すのではなく、大挙して訪れた数の多さを表していた。

彼ら閩人たちは帰化人となって、交易および琉球王朝における重要な役割をはたし始めた。造船技術に優れた者もいれば、当時の明の政治に詳しい学識者もいた。自らが通訳となってふたつの国を結び始めた彼らの存在によって、琉球は中国の文化から多大な影響を受けることになり、主に福建省からもたらされた食材とその料理法は、やがて琉球料理の礎とさえなっていった。その後首里城において味の洗練が高められていった歴史は、ふたつの国が交流を長期にわたって深めてゆく歴史そのものでもあった。

❖

那覇の西北、久米の一角に「福州園」と呼ばれる中国式の庭園がある。閩人たちの渡来を記念したその庭園は平成四年に建てられ、当時の面影を残すような歴史あるものではない。しかし庭園の周辺には、ミニ中華街とかろうじて呼べるほどの小規模な中華料理屋街があり、沖縄にあって異質な空気を生み出している。一三九二年に福建省からやって来た閩人たちが、確かにこの地域一帯を住処としていたのだということが、遠く偲ばれる。

当時の琉球は農作物の生産性がたいへんに低く、自給自足にも事欠く状態だった。そこへ閩人たちは明の最新技術を持ちこみ、沖縄の痩せた土壌を改良して生産性を飛躍的に上げることに尽力した。豚は唐芋を餌として次々と増やしてゆき、中山の王が代わる度に明から訪れる冊封使を受け入れる態勢を、彼らは琉球の地において着実に整えていった。

帰化した閩人たちは自分たちの役割を次代へと受け継がせるために、子孫のなかで優秀な人材を次々と明へ留学させた。このようにして常に新しい情報と学問を身に付けさせ、その知識は王朝の成熟と充実に大いに活かされた。そして尚巴志が三山の統一を果たして王都を首里に置いた十五世紀の中頃には、彼の即位を承認するための明からの冊封使の一団は、数百人にまで膨らんでいた。冊封使たちの滞在期間は半年以上にも及び、歓待の料理に必要な豚などは、その二〜三年まえから繁殖が準備されていたという。

首里城における歓待の宴で振舞われる料理は、当然ながら中国からやって来た冊封使たちの味覚を満足させるものでなければならず、その内容と料理法は、福建料理をほぼそのまま踏襲したものだったと推測される。現在にいたる琉球料理にはその影響が明確に残されており、双方の特徴を比較したときの共通性の多さには、改めて驚かされるほどだ。たとえば福建料理の特徴は、専門書などによると「味は淡白で、出汁の調整と旨みの引き出しに特にこだわる」とされている。殊に閩族の料理ではピーナッツ・ソースを巧みに使いこなすとあり、いずれもがそのまま琉球料理の特徴でもあると言っていいだろう。また福建料理では透明度の高い白醤油を使うことが多く、中国料理の大半が食材を油通しするのに対して、湯通しすることで脂っぽさを抑えるのが特徴となっている。「素朴で豪快さを感じさせるが調理は丁寧」であるとも言われ、この傾向は辻料理を受け継いだ山本さんの料理に見る「野趣と洗練」へと、図らずも時空を超えて伝えられているようだ。

ところで彼女のラフテーに勝るものを体験したことがないと先に書いたが、いまここで少し訂正をしなければならないかもしれない。烏龍茶の産地として名高い福建省・武夷山を取材で訪れた際に、僕は当地で珍しい東坡肉《とんぽーろー》（いわゆる豚の角煮）を口にしたのだ。

その東坡肉は、もともとのルーツである杭州料理のものとは違い、やはり醤油をまったく用いてなく、代わりに紅麹で甘みと軟らかさを引き出していた。それだけに三枚肉の層は茶色に濁ることなく綺麗に浮き立っており、歯応えはむちむちとした弾力を適度に残していた。

紅麺といえば豆腐ようを思い出すが、それを用いた福建省の東坡肉の甘みは、山本さんの白味噌仕立てと共通するところがあり、型崩れするまで軟らかくさせずに歯応えを残してあるところにも、ほぼ同じものを感じた。そのことを本人に後日伝えたところ、彼女は驚きと感慨の交錯した表情を浮かべながら、「やはり向こうのものが、首里城とちーじ（辻）を経て残っているんですねえ」と語った。

「確かに豚は、紅麹を使うと甘く軟らかくなるんですよ。茶色にしないで綺麗に見せて、醤油を使わずに豚肉本来の風味を残すところも、とてもよく似ていると思いますね」

彼女のラフテーにも受け継がれた、その料理法が閩人たちの手によってもたらされた約四百年まえ、共に船に載せられてきた豚は黒々とした体毛をまとっていた。身がよく締まり、あっさりとした脂は旨みに溢れ、琉球の地において瞬く間にその数を増やした。しかし太平洋戦争によって絶滅寸前にまで追い詰められ、今ようやく数少ない原種を元に粛々と増産が試みられている。いっときは幻の豚とも言われたその種は、今では高級原種の「アグー豚」として知られている。

❖

そのアグー原種を自らの手で少しずつ増やし、他の種と掛け合わせることで優秀な豚を生産している「我那覇畜産」を、山本さんと一緒に訪れることになった。

名護の大川地区にある我那覇畜産は周囲をやんばるの山に囲まれ、花の咲き乱れる美しい敷地内には、森から運ばれる水が静かに流れていた。その小川にかかる小さな橋を渡ったところでは、靴底を消毒するように用意が施されているほどで、外部から菌を持ちこませまいとする衛生管理への徹底した気の使いようが、そこには窺い知ることが出来た。

今から数年前、地元の大手小売業者を介して初めて我那覇畜産の豚肉に触れた彼女は、以来他の業者のものはいっさい店では扱わなくなるほどの、惚れこみようと信頼を寄せている。口にする前にひとめ見ただけで、その違いがわかったそうだ。

「脂身は濁りのない上品な白で、色鮮やかな赤肉はいかにも身の締りがよさそうでした。私は戦前の黒豚の肉をこの目で見ていますから、我那覇さんの豚に出会ったときにはすぐに『ああ、これだ』と思いましたよ。実際に口にしてみたら本当に素晴らしくて、我那覇社長を紹介してほしいと、その場で業者さんに頼んだほどです。これだけの豚をいったいどんな人が生産しているのかと思って、料理人としての好奇心以上に、ひとりの人間として尊敬の念がこみ上げてきました」

純血のアグーは種を保存するための実験用にごく少数が定期的に潰されるだけで、一般の市場に出回ることはない。中国からもたらされて以来約四百年の年月を経た原種どうしによる近親交配は繁殖能力の低下を招き、さらには太平洋戦争の沖縄戦によって、絶滅寸前にまで追いこまれてしまったからだ。現在でもその数は七十九頭しかいないとされ、JAの試験場や良心的な畜産農家の手によってかろうじて増産が試みられている。したがって、その純血の持つ特徴をいかに残しながら、味がよく繁殖能力にも優れた白豚と掛け合わせるかが各農家の努力のしどころとなる。なかには放牧をしている農家もいるが、我那覇畜産では徹底した衛生管理の下、屋内施設で豚に出来るだけ負荷を与えずに大切に育てている。

「鳥がウイルスを運んでくる危険性を考えると、とてもではないが豚を外気には晒せないですね」と、社長の我那覇明さんは言う。

「食肉の場合は安心安全がすべてですから、豚に与える水や餌にも気を使います。ストレスを与えないように、夫婦喧嘩をしている従業員は出勤させないほどです」

そう言って笑った我那覇さんは、若い従業員に声をかけてアグーの原種を連れて来させた。芝生の庭に置かれたその原種は小さくずんぐりむっくりとしており、黒い体毛はもじゃもじゃと波打っていた。白豚ではないので尻尾は巻かれずに真っ直ぐに垂れ、抱き寄せてみるとほとんど臭いがしなかった。

「アグーは肥育期間が他の種に比べると長いものですから、それでよけいに健康管理に手間がかかることになるんですよ」

成長しても七十キロ程度にしかならない原種を畜舎へ戻した彼は、次に二頭の子豚を用意した。アグー豚五十パーセントと白豚二種二十五パーセントずつを掛け合わせた「やんばる島豚」という、我那覇畜産の誇る銘柄豚の子供だ。

「父から畜産業を継いで四十年にもなりますが、恵まれていると思うのはやはり周囲の環境ですね。水も綺麗だし音も静か。そういった場所で、子供のときに口にしていたような豚の味をどれだけ復活させられるか、それを真剣に考え始めたのが数年前でした。昔は豚といえば家族みたいなものでしてね、餌にする芋を掘りに行ったり蔓を採りに行ったりして、それを分け合うように家族も料理して食べるんです」

その言葉を、山本さんは懐かしそうな目をして聞いていた。このままでは消えゆくだけの昔の味を一身で守ろうとしている彼女にとって、我那覇さんの意志や姿勢には大きく勇気づけられるところがあるのだろう。彼女は年下である我那覇さんを「先生」と呼び、昔の那覇の丁寧語を使って話しかけた。

「戦前は豚といえば黒だけで、戦後になって糸満で初めて白豚を見たときには、同じ豚とは思えませんでした」

「白豚は食肉がたくさん取れるし、繁殖能力も高いから、それで一気に席巻してしまったんだね」

ほんのりと悔しそうな表情を一瞬だけ顔に浮かべて、しかし彼は毅然として言った。

「戦後は何も食べるものがなかったから、それも仕方がなかったかもしれない。そうやって栄養を摂ることが先決でしたからね。だからこそ今後は、誰が食べても美味しいと思える豚のために、アグーを大切に維持していかなければならないんです」

そのアグーの血を五十パーセント引き継いだ「やんばる島豚」の生肉を、僕は目にしたことがある。脂身の白と鮮やかな赤肉の対比は図らずもベーコンを連想させるほどで、融点の低い脂身は、指を触れるそばから透明に融けていった。それをセイロで蒸して食べてみたところ、甘みと香りの高さは他のものとは比べようもなかった。五割でもはっきりとした野性を感じさせるのだから、純血にいたってはどれだけの風味を持っているのだろう。琉球王朝が首里城で催す宴の場で供されていた黒豚は、想像を絶するほどの味をもって、中国人たちを納得させていたのに違いない。

「前から試そうと思っていたのだけれど、今日は豚の皮だけを使って一品つくってみることにしましょう」

従業員たちが忙しく動き回るのをよそに、先に仕込みと味つけを終えた山本さんは、まずは茹でた三枚肉のブロックから皮の部分だけを切り取っていった。そして裏側に残った脂肪分を庖丁で丹念にこそぎ取ると、半透明の皮はくるんと内側へ丸まった。

「熱を通した皮は、こんな風に丸まる性質があるんです。だからこのなかに何かを入れられないかあと、ずっと気になっていたんですよ」

彼女は沖縄ごぼうから泥を取り除き、一定の長さに切り揃えてひとつずつ豚の皮で包んだ。そして熱による煮崩れを防ぐために何カ所かを爪楊枝で仮留めし、鍋に並べてじっくりと火にかけた。ほんのりと甘いみりんや醤油の味が泡盛の風味と共にごぼうに浸みこんだとき、その香りが移っているはずの豚の皮はいったいどんな味がするのだろう。

粗熱を取るために待つこと約一時間、皮が完全にくっついたのを確認した彼女は、刺してある楊枝をすべて抜いていった。そしてそのひとつをまずは自分で試食すると、驚いたような輝きが顔に広がった。

「あい、こんなになるとは自分でも思わなかったよ。福建省の人も、こんな食べ方してる？」

答えようのないその問いかけには、自分の思いつきが予想以上に正しかったことに対する、料理人としての誇りと嬉しさがはっきりとうかがえた。むちむちとした皮に包まれたごぼうを口にしている彼女は、何も言わずに手つきだけで僕にも食べてみることを勧めた。

二、三ミリほどの皮を巻きつけたそれは二センチほどの太さで、指でつまむとしっとりとした弾力があった。口にするとすんなりと噛み切ることが出来、皮の持つ旨みと甘みの奥には、ごぼうの力強い香りがはっきりと感じられた。いかにも簡単に見える料理だが、日頃から皮つきの豚を扱っていないことには、思いつきもしなければ上手く処理することも出来ないのに違いなかった。

「昔は皮の厚さによって、同じ三枚肉でも違う呼び方をしていたんですよ」

指についたコラーゲン質をタオルで拭き取りながら、満足した様子で山本さんは言った。

「下腹部の皮が厚い部分は『あちはらがー』、胸のほうの薄い部分が『ひしはらがー』といって、別々に売られていたんです。あちはらがーは火を通してラードを保存用に取って、残った部分は『あんだかしー』(脂かす)といって、子供のおやつになっていました。ところでこれだけいい豚だと、皮だけでも本当に美味しいですね。我那覇さんの豚だから、臭いもまったく気にならないでしょう?」

臭わないどころか、その皮には豚の上品な香りがほのかにしていた。個性のあるごぼうの香りには「ふーちばー」もまた合うのではないかと思い、そう提案してみると山本さんは意を得たように「次はそれにしましょう」と、力強く言った。

「それは絶対に合うわね。外側から巻きつけるのではなくて、ごぼうと一緒に巻いて風味を皮で包みこむのはどうかしら。それにしてもこんな風にして豚で遊んでいると、いくつになってもあの世に行けないわねぇ」

そして彼女は、およそ想像もつかない豚の珍品料理を、さらに思いつくままに繰り出すのだった。

足ティビチの汁仕立て

ゼラチン質の部分にコラーゲンをたっぷりと含み、軟骨をそのまま肉と共に食べる「足ティビチ」（豚足）は、沖縄では古くから滋養に満ちた健康料理として愛されてきた。しかし蹄や足の形を苦手とするお客のために、山本さんのお店ではこれをそのまま出すのではなく、肉をほぐして野菜類と合わせ、ゼラチンで固めた煮こごり風のものとして提供している。

しかし骨にむしゃぶりつきながら、手をべたべたにして食べるのが本来のいちばん美味しい方法で、あえて豚足であることを強調した一品をつくってみた。普通であれば足を煮込むことによって脂を取るのだが、彼女は味と見た目を綺麗にするために2時間蒸して徹底的に脂とゼラチンを取り除く。そしてゼラチンだけを用いてかつお出汁と合わせ、塩と醤油で味と風味を整える。

足ティビチの
ゼラチンのかちゅーゆ

汁ものの足ティビチからヒントを得て、椀に盛った荒節にそのまま溶かしたゼラチンを入れてみた。濃厚ではないけれど、豚足から取ったゼラチンに塩をして出汁を加えただけで、驚くほど上品で完成度の高い料理が出来上がった。こんな贅沢なものを口にしていたらまず病気になどならないだろうし、肌の老化は劇的に抑えられるはずだ。

器は戦前に伊万里でつくられ、そして沖縄へ送られていた「すんかんまかい」。「まかい」はじゅーしーやかちゅーゆなど汁物を入れる小ぶりの容器で、「すんかん」は平安末期に薩摩国へ島流しになった僧侶「俊寛」の名にちなんだもの。彼が好んで用いていたとの由来があるが、薩南諸島沿いに伝わったと推測できる。

足ティビチの
ゼラチンで固めたデザート

豚足を蒸して落とした脂とゼラチンを冷蔵庫に入れておくと、二層にくっきりと分離して固まる。この特質を活かして山本さんが思いついたのが、香り高い薬草をゼラチンに加えた、冷たいデザートだ。黒糖がたっぷりとかけられ、その甘みと風味をショウガがきりりと引き立てている。まさかこれが豚の足から取り出したものだとは、教えられない限り想像できないだろう。

ゼラチン質にはコラーゲンが含まれているので、デザートでありながら肌の美容にもいい。山本さんのお店では、女性客に特に喜ばれているという。

アメリカ世

琉球王朝の料理とその伝統をほぼそのままに引き継ぐ山本彩香さんは、七十歳を過ぎた今でも、新しい料理のことばかり考えている。起きている時間の七割がたは、次なる料理法の発明が頭のなかを占めているのではと思わせるほど、それは彼女にとって自分から切り離せないことだ。日課とか、お客を飽きさせないように日々の努力を怠らずにいるとか、そのような料理研究家としての義務感からでは決してない。リズムが聞こえ出しただけで曲を着想してしまう音楽家のように、次の新しい料理への発想や閃きが、山本さんにはごく自然にしかも頻繁に降りかかる。そうすると居ても立ってもいられなくなり、自宅でも店でもさっそくその実現に取りかかる。時間などそこでは関係ない。思いついた通りの味が再現されるのかどうか、そのことに対する好奇心と飽くなき探究心が、そこにはあるだけだ。

　豚の三枚肉から皮だけを利用した料理をつくってみせた彼女は、遊びに火の着いた子供のように、次なる一品を思いついたようだった。目は爛々と輝き、口元には不気味とも言えるほどの、熱中性の笑みが浮かんでいる。天才と何とかは紙一重と言われているけれど、アイデアが閃いたときの彼女は、その領域を誰も侵すことが出来ない。

「由美子、お椀を用意して。そこにかちゅーを入れておいてちょうだい」

　踊りの時代からの自分の弟子であり、現在の店を出してからは右腕であり続けている女性に、鰹節を用意するように山本さんは声をかけた。ちなみに、この「かちゅー」は生節を燻製にした「荒節」の削りであり、その後さらに天日干しをしてカビをつけた「枯節」ではない。関東以北では枯節が一般的で、関西以南では荒節が一般的とされている。特に南九州地方や沖縄地方では荒節を日常的に用いることが多く、削り節と味噌をお湯で溶くだけの味噌汁が伝統的に存在する。沖縄では「かちゅーゆ」（かつお湯）と呼ばれる。

　しかしその味噌汁の味わいは、一見したところ手抜きとも思える簡易さからは想像もつかないほどに、深く豊かだ。日本人のＤＮＡを直撃するかのような、力強く鼻を抜けてゆくまっすぐな鰹の香り。体に染み渡り、心を底からほぐされる噂の温かい滋養。これらが豪快かつ素朴に渾然一体となって、ほいほいと何杯でも行きたくなってしまう。具がまったく介在していないだけに、味噌汁の持つ核心だけを味わえる、日常の贅沢だと言っていいだろう。

僕がこの「かちゅーゆ」に初めて出会ったのは、沖縄本島北部にある小さな漁港の町、本部町においてだった。平台を並べただけの市場で地元のお婆さんたちが野菜を売っており、それを買うでもなく眺めているところに、手招きを受けたのだった。三人は特に商売をする様子もなく、何かを口にしながら「ゆんたく」（お喋りしてのんびり過ごすこと）をしていた。そして手招きをした女性が発泡スチロールの椀を用意し、そこへ荒く削った鰹節を大量に入れて、菜箸でひと盛りの味噌を投入した。あとは持参したポットを押してお湯を注ぐだけ。味噌に使った菜箸で全体を何となく掻き回した彼女は、「お兄さん、これ食べていくといいさ」と言った。

別にそこが漁港の近くだからという訳でもないのだが、思わぬところで原種に触れてしまったような気がした。地元では当たり前だが、決して世間には出ることのない、とっておきの隠れた存在。これ以上には簡素にしようのない、ある意味では究極の味。このような場合は味わうなどということはもはや不可能で、体が打ち震えていることに自分でもただ驚くだけ、ということになる。高度に洗練された食とは逆に、生きていることの原点を摑まれてしまう。

あまりに感動している僕をお婆さんたちは逆に驚きながら喜んでくれ、気がつくと四杯もおかわりを要求していた。そして決してそのお礼という意味ではなく、自宅でも再現したくて、荒節一本をその場で購入した。老女三名は大和である僕につくり方を丁寧に教えてくれるのだが、それは言うまでもなく見れば誰でもわかるものだった。

かちゅーを入れたお椀をまえに、山本さんのお店の厨房でそんな体験談をしていると、

「本当に不思議なものですね、これは」と、彼女は僕の話に同意した。

「どんなに体調が悪かったり、二日酔いがひどかったりしても、これだけはすーっと入っちゃうんです。私も子供の頃『なーさらんちねー』といって、どうにもならない状態でしたから、かちゅーゆばかり口にしていましたよ」

ようするに貧乏だったということだけれど、でも美味しいんだからいいわよねと言って笑いながら、彼女は冷蔵庫からある物を取り出して僕に見せた。タッパーの蓋を開けるとそこにはぎっしりと白いものが固まりとしてあり、下層にはぷよぷよとしたものが出来ていた。豚の足を蒸すこと約六時間、そうすると脂とゼラチンが蒸し器の下へ落ち、液体状のそれを冷蔵庫で冷やすと、きれいに上下に分離する。物がない昔の時代は浮いたラードも重用されていたが、今では使わずにゼラチンだけを利用する。山本さんは豚足の形がそ

のまま残る「足ティビチ」を嫌う人のために、まずはゼラチンだけを取り出して、ほぐした肉の部分や野菜などと共に「煮こごり風」として提供している。そして次なる彼女の思いつきは、このゼラチンだけで工夫をしてみるということのようだった。

タッパーを開けてみせた山本さんは神妙な顔つきで、「今からこのゼラチンだけを、もういちど火にかけて液体に戻します。それでかちゅーゆをつくってみようと思うのよ」

味噌汁ではなく、豚足のゼラチン汁？　味つけはどうなるのだ、それがはたして汁になるのかと呆気に取られている僕を、彼女はあえて表情のない目でじっと見ていた。何か特別なものを確信的に隠しているとき、彼女はそんな風に「どうなるか、見ていてごらん」といった顔になる。

❖

つくり方そのものは別に難しくはない。味噌のかちゅーゆと同じで、さらりともとろりとも表現できるゼラチンの温かいスープを、荒節を入れた椀にただ注ぐだけだ。彼女はそこへ塩をほんのひと摘みと、香りづけ程度にごく少量の醤油を加えた。そしていつも必ずそうするように自分が先に味見をして、自信というよりは嬉しくて仕方がない様子で、僕にも椀を手にすることを勧めた。

まずもって、「固めた豚足のゼラチンを温めたスープ」というものを口にした記憶が、自分のなかになかった。湯気の立っている椀に鼻を近づけてみると豚臭さはまったくなく、鰹のいい香りがほんのり上品にしていた。そしてその最初のひと口を、まずはお椀から啜ってみた。すると……。

何なのだ、この美味さは。

ほんの少ししか塩をしていないのに、塩基のエッジがしっかりと立っているではないか。しかもそれが全体の旨みとコクを引き出し、素朴だというのに複雑な調和を保っている。見てくれはどうということのない、底に荒節が沈んだ白濁のスープだが、こんな味に出くわしたことは今までただの一度もなかった。そのままラーメンの豚骨系スープとしても使えそうだが、ここでは肉も骨も用いてはいない。蹄のついた豚の足から、単にゼラチン質を取り出しただけである。なのにくどくはないが濃厚で、むしろ上品なまでにさらりとしていて、鰹と豚の風味と旨みが最高の地点でがっちりと手を取り合っている。

これはもはや、ある意味で最高級品である。

そう思うしかなかった。

豚の足から取り出したゼラチンと鰹節のみで、まさかこんな味が生まれようとは。

「足ティビチは泡盛で洗ってありますから、その風味も味に加わっているはずです。塩は本当に最小限。味ではなく全体を引き出してもらう感じで、お醤油は取っておきのものを使っています。でもこれだけで美味しくなるなんて、本当に不思議だわねぇ」

そう言うと彼女は何を急に思いついたのか、僕が口にしていた泡盛（三十年ものの古酒）のお猪口に目を付け、そしてこちらを見上げて大きくにやりと笑った。獲物を捕らえた魔女が、今まさに獲物をどう始末しようかという視線だった。そして彼女は僕に目をやったまま、猪口に残っている泡盛をそのまま、ゼラチンのかちゅーゆへ投入した。ほんの一瞬の出来事だった。

「味してごらんなさい」

今度は自分で味見をすることなく、ごく落ち着いた様子で僕に勧めた。

「きっとこれも美味しいから。どうかしら」

ただでさえ鍋で火を通した熱い汁ではないのに、そこへ常温のまま泡盛を注いで、しかも高い濃度のアルコールを飛ばすこともなく、その突飛とも思える行動には、まったく予測がつかなかった。もちろん味がどのように変化しているのかも想像できずに、僕は試されているような気持ちで、口にしてみた。

表現できません……。

その衝撃性や味わいを深く知る上では、かちゅーゆだけである方がわかりやすいが、泡盛を注いだこれは、さらに一段高い次元へとすべてを引き上げていた。アルコールをまったく飛ばしていないのに、その強すぎるはずの刺激はもはや汁のなかには感じられず、別の気品を持ったものが、そこには新たに生み出されていた。

完敗。勝ち負けではないが、もはやどうにもならない。

その素朴さと、それにしてはあまりの完成度の高さには、魔法を見せられているような思いがした。結局のところ格別に手の込んだ調理をしなくても、王朝時代から連綿と受け継がれてきた仕込みを守れば、そして各食材の持つ味のポイントを最高のレベルでぴたりと合わすことが出来れば、そこには無駄なく削ぎ落とされた「琉球の味の最高の原点」が現れるのだ。

「店では足ティビチを煮こごりにして出していますけれど、汁にして食べるのが私は好きですね」

感嘆と不思議さで口を閉ざしていた僕に、山本さんはヒントを与えるように声をかけた。確かに言われてみればその通りで、一般的な足ティビチの料理法は、大きく二種類があるのだった。ひとつは醤油とみりんで煮た味のやや濃いもので、骨や蹄のついた豚の足がただそのままごろんと、皿に盛られている。ゼラチンに包まれたその煮付けはぷよぷよとしてご飯にもよく合い、今でも家庭や庶民の台所を支えている味だ。

これがもう少し凝った上品な段階となると、煮付けは一転して汁料理として振舞われる。白濁したスープと共に、大根や結び昆布そして豚の足を具材として一緒にいただくのだ。小鉢に取った足に骨ごとむしゃぶりつき、そこへ和がらしを合わせると、アクセントの酸味が効いて風味が上がる。豚足の出汁を吸った大根は箸休めとしてそのつけ合わせにちょうどよく、口がさっぱりとすると、また豚足に手を出したくなる。

山本さんが遊びでつくってみせたものは、本来は味噌汁である「かちゅーゆ」の変形というよりは、この「足ティビチの汁もの」から、味の原点を取ったものだった。

「これはちまぐーと言って、足首から下だけのティビチなんですよ」

豚足を蒸した蒸し器を開けてみせながら、彼女は説明した。

「うちではゼラチンを取ることを重視しますから、ちまぐーしか蒸しません。でも普通は、豚の腿から下をぶつ切りにしたものをそのままぐつぐつと煮込んで、濃厚な汁にします。そのほうが肉がついていて、うんと出汁が出ますからね。ちまぐーだけだと、そこからは出汁は出ないので、今日はお椀に鰹節をたっぷりと盛ってみたんです。ですから足ティビチのゼラチンと鰹のきれいなところだけをいただいて、スープにしたことになりますね」

そのスープに入れた泡盛がなぜ風味そのものを丸く包んでしまうのか、その秘密までは当の本人もわからなかった。どこでどう泡盛を使うかといったことや、そのときの火加減は体が覚えこんでいるけれど、化学的に何が起きているのかまでは謎であるということだった。一般的には豚肉を軟らかくする成分を持つとか、肉の臭みを消す効果があるとされているが、しかし僕が口にしたものは最初から臭みなどないし、火にかけてすらいない。泡盛は琉球の料理に何をもたらすのだろうか。「原材料のタイ米と黒麹に原因があるはず」との指摘を山本さんから受けて、その後自分なりに調べてみたところ、手がかりになりそうな事実がひとつ上がってきた。「全麹仕込み」といって、泡盛の場合は原料となるタイ米すべてを麹にしているという点だった。

たとえば焼酎の場合は麹菌に水と酵母を加え、後から原料を加える「二次仕込み」が主流だ。つまり先にまず醱酵だけをさせておいて、そこへ原料を足して二次醱酵を待つ。ところが年間を通して気温の高い沖縄では、二次醱酵を待っていると腐敗する可能性が高いため、タイ米そのものをすべて麹にしてしまうという、手の込んだ贅沢な方法を採るしかなかった。

しかし後から何も加えないだけに、その方式で醱酵・蒸留させた泡盛は香気成分に富み、ただでさえ甘くまったりとした強い風味を持つ黒麹の個性は、より濃厚に引き出されることになった。これが料理に使用しても味を薄めないばかりか、食材の持ち味を引き出して全体の風味をよくする泡盛の秘密なのではないかと、僕は推測する。そこにはタイ米独特の香りも影響しているだろうし、麹菌のレベルにいたっては、料理の味の変化にどのような悪戯をしているのか想像もつかない。しかしここからひとつ浮き上がることは、琉球は暑い土地であるだけに逆に高度な醗酵技術を持ち、それを調味料として用いる術にも長けていたということだ。

僕は豚の角煮である「ラフテー」を自分でつくったときに、うっかり泡盛を切らしていたので米焼酎で代用してみたことがある。同じ米の蒸留酒なのだから何とかなるだろうと高をくくっていたのだが、しかし出来上がったその味は惨憺たるものだった。味のポイントがどこにもなく、ただ醤油の強さがあるだけで、豚のいい風味は逆に鼻につくものになってしまった。それくらいに泡盛は、すべての沖縄料理をより沖縄らしく一段階変えてしまう実力を、個性として兼ね備えている。豚足から取ったゼラチンのかちゅーゆに注いだ、古酒三十年物ともなれば、より風味が華やぐのは当然のことだったのだろう。

❖

那覇に滞在するときは、やはり移動に便利なこともあって国際通り沿いのホテルを中心に選ぶのだが、そのときは週末で連泊をすることが出来ず、仕方なく「西」という外れた場所に宿を取った。倉庫の立ち並ぶ殺風景な界隈で、昼食を取るためにあるとも知れない料理屋を探しながら、がらんとした光景のなかを歩いた。すると一画に不思議な廃屋があり、その奇異さに引かれて思わず携帯電話で写真を撮った。さぞかし立派だったであろう大きな楼閣がそのまま打ち捨てられ、門柱には鎖がかけられていた。そしてその石造りの右側の門柱に、「左馬」という木の看板があった。おそらくは一世を風靡した、華やかな料亭だったのに違いない。

その写真を山本さんに見せて事の次第を尋ねると、彼女は「あきさみよー（あらまあ……）」と呟いた後、「これは『左馬』さんといって、ちーじんちゅ（辻にいた人）が経営していたんですよ」と言った。「でもその管理がずさんなことになって、抜け殻だけが残されているんですね」

琉球王朝でもてなされていた料理の伝統を、ほぼそのままに引き継いだ遊郭の街「辻」の尾類たちは、米軍による戦後の処理が済むと、少しずつ戻ってきて料亭を開いた。港湾部にほど近い辻の界隈は米軍に接収され、そして十年ほどすると、那覇の中心街を皮切りに土地が随時解放されていった。一九五五年に現在の「辻町」として解放された場所に、最も早く戻ってきた人物は、映画『八月十五夜の茶屋』（主演マーロン・ブランド、共演グレン・フォード、京マチ子）のモデルとなった上原栄子。尾類として人気の高かった彼女を慕うように、豪勢な料亭がその後徐々に開かれていった。

その名前をすべて思い出すことは出来ないが、上原栄子の「松乃下」を筆頭に「花咲」「豊福」「料亭那覇」そして山本さん自身が踊り子を務めていた「小川荘」など、隆盛時には八軒の料亭があったと彼女は教えてくれた。そして寂れた一画に取り残されていた「左馬」もまた、そのひとつだった。

なぜそれらが綺麗さっぱりと姿を消してしまったのか、その理由を尋ねると山本さんはただひと言「アメリカ世になって、何でもアメリカ風のものがよいとされたから」と言った。

「クラブとかキャバレーが大流行して、ダンスホールではビッグバンドのジャズ演奏が繰り広げられているような時代でした。だから料亭の酌婦や踊り子よりも、アメリカ風のホステスさんが好まれるようになったんですね。私は琉球舞踊で新入賞を受けて、料亭の世界を離れることになったけれど、努力して経営を続けていた人たちは大変だったと思います」

料亭が廃れたのは時代の運命的な要請とはいえ、しかしそれでもひとつの疑問が残る。戦前に各楼閣で料理の腕をふるっていた尾類たちから、じかに料理法を伝授されたはずの戦後の料亭の男の板前たちは、はたしてどこへ行ってしまったのか。財政界の高名な人物たちを顧客とするような経営ぶりは、やがて衰退の宿命にあったのだとしても、琉球料理を身に付けたはずの板前は、なぜその後自分で店を出していないのだろうか。

「出した人もなかにはいますが、特に伝統的な琉球料理にこだわっていたわけではありませんし、固有の文化を守ろうという気持ちなど、板前さんたちにはこれっぽっちもなかったんです」

今さら憤慨するでもなく、彼女は「だからよー」という沖縄の言い方をした。「それが原因でそうなった」ことへ対する、軽い侮蔑と諦めの気持ちだ。

「料理の腕はただの食い扶持で、それが伝統文化だという自覚など持っていませんでした。その意味では、はっきり言って意識は低かったです。その後料亭も流行の料理を追うことになって、継承してゆくような空気ではなくなりました。それよりもむしろ、那覇や首里の良家の婦女子たちが、伝統を引き継いで行ったんです」

しかしそれも歴史と共に各家庭のなかで霧散してゆき、尾類上がりであることが口にしづらい世相になってくると、誰も伝統料理のことを話題にしなくなった。

そんな時代の変遷のなかで、山本さんの養母である崎間カマトだけは、女性三人暮らしの家で辻の料理をつくり続けていた。

豚の内臓のおつゆ

豚の心臓（まーみ）、肝臓（ちむぐぁー）、そしてすい臓と腎臓（たきーまーみ）を用いた、中身のおつゆ。いわゆる「中身汁」の場合は、大腸や小腸・胃などをコンニャクやシイタケと共にショウガ仕立てで汁物にすることが圧倒的に多いが、この一品は汁物というよりは「しんじむん」（煎じたもの）に近い。だからまずは薬効の高い澄まし汁を先に口にして、内臓の具は後からいただく。豚の内臓を使った高級な土瓶蒸しのようなものを、想像していただければいいかもしれない。

沖縄固有の黄色い人参や、食感の異なる結び昆布などがそれぞれにハーモニーを奏で、どのひと口もやさしく力強く口に入ってくる。豚の内臓のそれぞれの部位に驚くほどの手間と下処理を施した、美しき最終完成品である。

中身のイリチー

内臓は吸い物だけではなく、イリチー（炒め物）として、その時々の野菜と一緒に仕立てることも出来る。ここで選ばれたのはコンニャクとシイタケ。弾力のある食感を重ね合わせた恰好だ。こーれーぐす（唐辛子と塩と泡盛で漬けたもの）を効かせながら醤油で香りづけをし、泡盛を振り入れたところで火からはずしてネギを散らす。どの琉球料理でもそうであるように、高級な酒の肴ともなるし、ご飯と合わせても格別の味わいがある。セロリやブロッコリーなど、香りや食感のある西洋野菜とも合うと、山本さんは言う。

価格の安価な中身ではあるが、美味しくいただくには徹底した下ごしらえが欠かせない。心臓は蒸したあと血を丹念に洗い流し、血液を使うときは赤味噌と泡盛でとことん揉みこむ。他の臓器などもおからを使って洗うことで臭いを取り、最後には驚くほど磨き抜かれた料理が完成する。

血入りたしやーめー

豆腐と一緒に炒めた料理が本来の「ちゃんぷーるー」なので、たとえばそーみん（素麵）をさっと軽く炒めたものは「そーみんちゃんぷーるー」とはいわずに「そーみんたしやー」という。この言い方に飯を意味する「め」を加えた「たしやーめー」をつくってみたのだが、「豚の血で炒めた炒飯とは何か」と、あるいは眉をひそめる人もいるだろう。

血は空気に触れた途端に凝固する性質を持っているので（当然ですね）、そこへ泡盛と赤味噌を入れて臭いを消し、野菜などと炒めてご飯と混ぜる。山本さんの店の従業員が、残った「チーイリチー」にご飯を混ぜて食べているのを見て思いついた、まかない料理のひとつだが、ここにまでいたる手間のかかり方を思うと、滅多に口に出来るものではないことがよくわかる。

手のひら

一九六一年、二十六歳にしてようやく琉球舞踊の新人賞を得た山本彩香さんは、そのときの姓名である「玉城アヤ子」をもとに「玉城綾子」を芸名として名乗り、辻の花街にあった料亭「小川荘」を後にして、東急ホテルに職を得た。

那覇の市街地からやや北上した高台に建つそのホテルは単なる宿泊施設ではなく、一九五二年に創設された「琉球ホテル」を前身とする随一の高級な社交場として、沖縄の歴史を影から支えていた。日米双方から来沖する重要人物を迎え入れる迎賓館的な役割を担い、復帰前後の微妙な時期には、政治的駆け引きの舞台ともなった。「東急ホテル」というだけでそこには近寄りがたい威厳さえあり、六二年の正式オープンと共に、山本さんこと玉城綾子は芸能部の係長として採用された。港湾部にほど近い辻の界隈からまさに、一気に頂上へ昇りつめるほどの展開がひらけたと言っていいだろう。

ホテルの芸能部は、遊女を意味する名を持つ料亭「花風《はなふう》」を、建物の三階に華々しく開店させた。四間ある座敷はいつでも満席の状態で、そこで芸能を披露する踊り子と三線の奏者、そして琴や太鼓の奏者などいっさいを自前で集めてくるのが、山本さんに与えられた仕事だった。給料は当時のお金にして百ドル、県庁に勤める役人の三倍ほどもあったという。琉球舞踊の新人賞を獲った翌年には優秀賞を得ていた実績が、瞬く間に彼女をそこまで押し上げていた。

「ホテルには料亭の他にも大きなホールがあって、そこで踊りを披露することで、私は月額と別に三十ドルを得ていました。お客さんの半分近くは、アメリカの偉い人だったと思います。まだ復帰まえで、戦争も始まってなく、いちばん華やかな時期でしたね」

ホールや料亭ではアメリカ風に着飾ったホステスが客の相手をし、そこで飲まれていたものといえば、もっぱらウイスキーだった。そのとき琉球の泡盛は、戦争によって多くの蒸留所を失っていたばかりではなく、地方に残された蒸留所でも精製の技術が上がらず、臭いが悪い酒として沖縄人にさえ敬遠されていた。

一方ではアメリカ軍が持ちこんだウイスキーは憧れと共に人気を博し、ジョニー・ウォーカーやカティーサークといった銘柄が、高級な店に置かれていた。これらは当時の大和ではまだ手に入りづらく、入ったとしても相当な値が付くものであったため、沖縄に仕事の用事で出張に来る大和人たちの間では、「沖縄に行くと旨いウイスキーが飲める」との評判が広まっていた。横にホステスをすわらせ、ウイスキーのボトルを手に水割りをつくってもらうのは、当時では最新にして最高の遊戯であり嗜みでもあった。芸能のいっさいを取り仕切る玉城綾子は酌婦ではなく、上級の客に直接声をかけられた場合にかぎって、席に着くという立場にあった。

「この雑誌、英語だらけでまったく読めないんだけれど」

その日は琉球に伝統的に伝わる豚料理の締めくくりとして、中身（内臓）と血を使った料理を再現することになっており、自宅に戻った山本さんは私物を置いて、ある一冊の雑誌を持ってきた。昔風のやわらかいビニールに包まれた大判の雑誌で、ひとめ見て往年のesquire誌であることがわかった。一九六五年の発行だった。

「これ、エスクァイアですよ」

「そんなこと言われてもわからんもの。どんな雑誌なの」

「今ではそうでもありませんが、六〇年代当時のエスクァイアといえば、一流の男性雑誌です。娯楽やファッションだけではなく、ジャーナリズムの分野でも大きな貢献を果たしています」

　すると彼女は無表情のままそれを手に取り、あるページを開いてみせた。それは、過去アメリカ軍がどのような戦争を各国で強いてきたかを特集する号で、沖縄の項では荒れた塹壕を背景に、マーロン・ブランドのような将校服姿の男と、そこへ身を寄せるようにする沖縄の着物の若い女性が写っていた。いかにも時代がかった、映画の一シーンのようだった。

「これ、私なのよ」

　彼女の無表情に、一瞬の笑みが走った。

「もう三十歳だっていうのに、写真を撮りたいといって声をかけられて、それでこれが送られてきたんです。東急ホテルにはもっと若くて綺麗なホステスさんが大勢いたのに、どうして自分なのかがわからなくて」

　おそらくエスクァイア誌が遠く沖縄へ派遣したカメラマンは、最も高級であった那覇東急ホテルを宿泊先として用意され、そこのホールで伝統的な舞踊を披露している彼女こそ、自分の探していた被写体であると確信したのに違いない。いくらホステスたちが若く美しくとも、プロフェッショナルであればそこへ目を向けることはしないだろう。彼女たちは、その他大勢にしかすぎないからだ。

ちなみにそのときの山本さんが得ていた収入を、当時の固定相場である一ドル三百六十円で換算すると、四万六千八百円。大和の大卒の初任給と比べても倍にあたる額で、ようやくひもじさと病気から脱した養母の崎間カマトは、これ幸いとばかりに市場でしっかりとした食材に目を付けては、戦前の辻遊郭で自分が客に振舞っていた料理を、家でつくり始めた。養女である綾子に味を伝えるためではなく、まして琉球の伝統を残そうとする決意からでもなかった。誇りに満ちた自分の料理を、彼女は最高の趣味として、自分のために復活させただけだった。しかし綾子は、その手順や手さばきを横で見逃してはいなかった。

❖

我那覇畜産から得た「中身」を、山本さんは自宅のキッチンに空けた。食堂や沖縄料理の店などでは、豚の内臓は「中味」と表記されることが圧倒的に多いが、それは完全に誤りであると彼女は指摘した。

さらに正式な名称を伝えるように、ボウルに空けた内臓をひとつひとつ手に取って、彼女は沖縄の言葉で説明した。内臓はどれもが美しく新鮮で、まったく臭いがしていなかった。

心臓は豆のような形をしているので「まーみ」。腎臓も同じく「まーみ」と呼ばれるが、市場でただひと言「まーみ」とだけ注文すると心臓しか出てこないので、さらに区別するときには腎臓は「たきーまーみ」という。そしてレバーにあたる肝臓は「ちむぐゎー」。これらをかつお出汁と昆布、野菜などと煮ておつゆをつくるのだが、中身の場合は特に下ごしらえが大切ということで、彼女は椅子にすわってテーブルに置いた内臓の最終処理を始めた。

たとえば硬い心臓は別に圧力鍋で煮て、血を丹念に洗い流しておく。肝臓の表面には血管が白いすじのように残っているので、それらを庖丁でていねいに削り取る。腎臓は最も臭みがある部分で、尿道へとつながる白い管を、キッチンばさみで完全に切り取ってゆく。そのような地道な手間をかけながら、やがて山本さんは独り言のように、歌を口ずさみ始めた。何を歌っているのかわからないが、ところどころ自分ひとりだけで笑っている。歌詞の内容が面白いからか、その内容が目のまえにいる僕にまったく理解されないからか、おそらくはその両方なのだろう。

「ちーぢや、えんどうまーみ。なかしまや、とうふまーみ。くいしわたんじや、いふくまーみ……」

そして彼女はキッチンばさみを手にしたまま、「あははは」と堪えられずに笑い声を洩らした。自分で歌い始めたというのに、勘弁してくれと言いたそうな顔をしている。

「中身の呼び名のことでマメの話になったから、昔の歌を思い出したんですよ。これは春歌です。以前、那覇の遊郭は三カ所に分かれていて、それが統合されて『辻』という総称になりました。ですからこれは、統合される以前につくられた歌なんでしょうね。沖縄ではいつでも即興で歌をつくりますから、これもそんな風にして昔の遊郭で生まれたのでしょう」

明治四十二年に合併されるまで、三つの遊郭はそれぞれ辻（現在の辻町）、仲島（泉崎のあたり）、そして渡地《わたんじ》（通堂町）に分散していた。最も歴史があり内陸部にあたる辻は上流向けとされ、仲島は中流、港湾に面した渡地は三流という扱いだった。これを昔の旦那衆は、遊びのひとつとして春歌に詠んだ。ちーじ（辻の娘）は（高価な）えんどう豆、仲島は（なじみのある）とうふ豆（大豆）、恋しい渡地はいふく豆（おたふく豆）ということだ。

「ですからこれは、女性のあそこを歌っているんです」

ようやく処理の終わった中身を、山本さんは塩と泡盛で揉み始めた。すべては養母のカマトから身に付けたもので、自分では辻の料理をつくれない当時は、捨てる部分があるのはもったいないとも感じていたという。

「それにしても昔の人はおおらかというか、可愛い春歌をつくるものですね。この場合、女性のあそことはいっても豆ですから、全体を指すのではなくて……」

「そこまで言わなくてもわかります」

「あら、わかっちゃった？」

そう言うと彼女は照れたように笑って下を向き、中身の入ったボウルをキッチンへ戻しに行った。そして、「チーイリチー」を用いた料理「血入りたしゃーめー」（豚の血炒めのごはんもの）の準備のために、凝固している血液をたっぷりの塩と赤味噌で揉みこみ始めた。

さきほどの中身よりもさらに丹念な様子で、これぱかりはカマトの直伝によるものであるということだった。

「本当に辻の料理を教えるつもりがなかったのか、それとも私にそれを遠慮なく見せることで盗ませるつもりだったのか、それは私にもわかりません。しかし本当の料理といったものは、いずれにせよ『みーなり、ちーなり』（見たり聞いたり）でしか伝わりませんから、かあちゃんがつくっているのを、私は必死に横目で見て覚えるだけでした。戦前の辻に預けられていた頃に口にしてはいましたから、そのときの記憶でひとつずつ身に付けていったんです」

料理とは教え方が三で受け取り方が七、自分で感じ取る以外にはないと山本さんは言う。そのときカマトは辻料理の流儀に固執することはなく、味の基本的な伝統だけは忠実に守りながら、型にはまらない工夫を次々として展開していった。それが逆に奏功し、カマトの手順を見よう見まねで身に付けていくうちに、何が本当の基準で何が自由な創作の部分であるのかが、山本さんのなかで明らかに浮き上がっていった。ここでカマトが伝統や流儀にばかり執心していたら、おそらく山本さんは辻料理の流れを汲んでいなかったかもしれない。基本を忠実に守りながら、その一端を崩し始める個人の自由な創意と工夫のなかにこそ、伝統が受け継がれてゆく流れはあるからだ。しかしそれを不自然に固定させた途端に、流れは逆に滞ることになる。正解は、ひとつではない。

「血の臭いだけは残してはいけないということで、赤味噌と泡盛で揉みこむのは、徹底的に教えられました。今みたいに○○グラムとか○○ccなんていう言い方は絶対にしませんから、分量はまず目で覚えて、本当のコツはかあちゃんの言葉です。標準語の出来ない彼女の古い那覇の言葉であったから、口伝として私の体に残る大切なものがあるんです。たとえば単純なことですが、この豚の血の場合は『むみんちゅん』。ただとにかく練りなさいという言い方で、それがとても印象に残ってる。確かに揉んでいくうちに、これが何のどういう料理なのか、本質が見えてくるんです。沖縄の伝統的な料理を伝え残していく上で、私が執拗なくらいに正しいうちなーぐちにこだわるのも、こんなところに原因があるのかもしれませんね。本当のニュアンスは言葉と、その手作業のなかにしかありませんから」

もういいのではないかと思われる頃ようやく、彼女は練りこんだ血を手にキッチンに立ち、フライパンにサラダ油を引いた。そして「あかちでーくに」（赤い血のような色をした、いわゆる一般的な人参）と「ちーるーにんじん」（黄色い人参）を炒め合わせ、そこへ少しずつ豚の血を混ぜていった。人参なのに赤いものは「でーくに」（大根）の扱いで、冬の一時期に出回る沖縄に固有の黄色い人参（島人参とも呼ばれる）をそのまま「にんじん」と呼ぶのは、固有の種がごぼうのように細いのに対して、一般的な人参は大根に似た太い形をしているからだ。

軽く火の通った豚の血はぷくぷくと固まり、ほぼ完成している「チーイリチー」から、山本さんはひとつの血を指でつまみ出してみせた。臭うかどうか、どのような味がするのか、それをこの場で確かめろということだろう。それにしてもいつも思うことだが、伝統的な琉球料理というのは、最終的な調理の時間が圧倒的に単純で短い。下ごしらえと仕込みに、ほぼすべてが費やされている。七十歳を過ぎた現在でも店を続けることが出来、彼女を除いた店のスタッフが素人たちでも賄えるのは、このようなところにも秘訣がある。同時に後継者がなかなか育たない理由もまた、残念ながらそこにある。

　手のひらに乗せられた豚の血の固まりはころころと小さく黒ずんでおり、レバーのようなペースト状の感触と、逆に押し返してくるような弾力を、それぞれに伴っていた。血の臭いは今や消されたというよりは、赤味噌のコクと泡盛の熱の変化が相まって、その奥側から独特の深みを持った濃厚な旨みが、じわじわと肉汁のように出てきて口腔に広がった。ほんのりとした苦さと、やはりほんのりとした甘さが、力強いけれど気品あるそのひと口からは感じられた。いかにも滋養溢れる感じで、その独特の感触につられたまま、いつまでも口のなかで噛んだり転がしたりしていたくなってきた。ささがきにした「ちーるーにんじん」の苦味や食感と、そこへほぼ半生の状態で和えたニラとの相性は、完璧だった。ここにご飯を入れてひと炒めしたものが、彼女の創作である「血入りたしやーめー」だ。

「どう、全然臭わないでしょ？」

　調理用の木べらを手にしたまま、山本さんが尋ねてきた。味のことを訊いているのではなく、揉みこみが充分であったかどうかをまず、確かめているのだ。手間そのものにすべてのコツがあることを、物語っていた。

エスクァイア誌に撮影の依頼を受けた翌年、玉城綾子の姿は、東急ホテルからはなくなっていた。一流ホテルとはいえ料亭勤めであるために、琉球舞踊界における賞の対象外となっており、彼女は最高賞の受賞を目的にホテルを辞めて、那覇の中心地である久茂地に自分の店を構えた。坪数はわずか八坪で、八人すわれば満員になるカウンター席のみ。屋号は「歩」といい、踊りの師匠である島袋光裕から命名されたものだった。「踊りは歩が一番の基本」との意が、そこにはあった。

お酒はやはりウイスキーの水割りが中心で、ボトル代を除けば一杯の値段は二十五セントだった。現在に換算すれば九百円弱ほどで、気軽なスナックとは一線を画していたと言っていいだろう。カマトが自宅でつくったうちなーむん（沖縄のもの）をつまみとして出すのが特徴で、ミミガーやイリチー（炒め物）やとうふ揚げなど、一日に必ず三品が店持ちで用意された。その味は早くから評判を呼び、自分の養母が辻の尾類であったことを憚ることなく伝えると、そうであるならば味が上等なのは当然と、客はみなむしろ得心したような反応を示した。

店の周囲にしだいに民家が建ち始めたこともあって、綾子はその小さな店舗を置いたまま、前島と呼ばれる場所に次なる店を開いた。「吟」という屋号で面積は倍の十五坪、国道に面した場所には大手海運業者のビルが建つはずだった。その裏手にあたる場所で、彼女はホステスを含む従業員七人を従えるまでになっていた。

昼は建設現場で働く者を相手に、カマトが店に入って定食を提供していた（なんと贅沢な定食だろうか）。昼はその厨房で彼女が仕込んだ料理をつまみとして、小さな談笑クラブのごとき世界が展開された。ところがある日、砂地で地盤のゆるい建設現場から大量の水が出て、基礎よりも先に進んでいた建設中のビルがそのまま、水に陥没してしまった。国道にも水が溢れるほどの大事態で、当然ながらその裏手にあたる「吟」にも、大量の水と土砂が流れこんできた。

「順調に行っていて、新たに改装を済ませたばかりだというのに、土がえぐられてとてもなかに入れる状態ではありませんでした」と、今でもやや怒りと落胆をこめながら、山本さんは言う。

「しかし建設にあたっていた業者は、地元と大和の大手でしたから、改装したばかりの費用や休業中のお給料などもすべて含めて、建設会社に交渉しました。ようやくここまで来たのにまた災難かと、自分にはいったいどんな定めが与えられているのかと思いましたよ」

さいわいにして示談は早くに成立したものの、仕事も出来ずに手をこまねいているばかりもいかない綾子は、島袋光裕から独立して自分の稽古場を持つことにした。東急ホテルを辞めた二年後の六八年には、踊りの最高賞を得て光裕の稽古場で師範代を務めるまでになっており、宜野湾の前原に開いた「玉城綾子琉舞練場」には、当初から七十人もの生徒が弟子として集まった。知名度はそれだけ高く、以前より待ち望まれていた独立でもあった。

ビルが陥没して独立せざるを得なくなったその年が、日本に復帰した一九七二年であることを改めて指摘すると、山本さんはいまや他人事のような面持ちで「あきさみよー（あれまあ）、やはりそんな風に運命が出来ているんですかねえ」と呟いた。そして稽古場の運営がようやく落ち着きを見せ始めた三年後の七五年、精神的にも時間的にも余裕を得た綾子は、久茂地の一角に久々の料理屋を開店させた。屋号には初心に戻って「歩」がつけられ、カマトが自宅で調理した辻の流れを汲む料理が、常に数品は用意されることになった。六畳の座敷が二間で、カマトの料理以外にも綾子と弟子による踊りが披露され、当時としては他と比較のしようのない、個性的な店が始まった。

「バーでもないし、かといって料理屋でもない。『ラフテー』や『どぅるわかしー』や『ジーマーミ豆腐』といった手の込んだものを出していたことを思うと、そこが今のお店にいたる原点だったのかもしれませんね」

そのとき沖縄では復帰を祝うかのように海洋博覧会が開催され、初めて沖縄を訪れる大和人の多くはまだ、本当の琉球料理を知ってはいなかった。

残すべきもの

　夜の九時を大きくまわり、彼女は最後の客たちを玄関で送り出しているところだ。琉球の本当の料理を堪能した彼や彼女たちは、それでもなお名残惜しそうに、山本彩香さんと語らう時間を少しでも延ばそうとしている。特に女性の客は、どれだけ美味しかったかという自分の気持ちをいくら言葉に尽くしても、満足を得ない人が多いようだ。次もまた来ますから、今度も予約が取れるといいのだけれど、といった帰り難そうにしている言葉が、奥にある部屋にも届いてくる。

　その間厨房では洗い物が進み、用の済んだ順から、絞った布巾が広げられてゆく。無駄な口を利く人は誰もいなく、カウンターを任されている女性は、客間にあるテーブルをひとつひとつ丹念に拭き上げてゆく。山本さんが挨拶を終えて戻ってくる頃には、おおかたの作業が終了していることだろう。しかしそれでも細かな仕事や雑務が、従業員たちにはその後にもまだ残されている。

奥の部屋にようやく腰を下ろし、猫舌であるためにぬるく淹れたお茶を黙って口にする山本さんは、さすがに疲労の色を隠せずにいる。喜んでくれるお客に対して誠意を惜しみなく尽くし、もはやへたり込んでいるといった態だ。気持ちのこもった言葉をかけられて心は高揚しているはずなのだが、体がついてきてくれない。そしてひと安心を得ると、疲れた体からは最後に残っていた気力さえ抜けてゆく。

「六十四歳でこの店を出しましたけれど、六十代と七十代とでは、想像も出来なかったくらいに疲れ方が違うものなんですよ」

朝の早い生活ではないが、昼過ぎまでには自宅で出来る仕込みを済ませ、その後夕方の遅い時間まで店の厨房に付きっ切りになり、夜の十時を過ぎてもなお働く日々を約十年続けてきたのだから、疲れが出ない方が無理というものだろう。まして彼女は主婦になった経験が事実上ないに等しく、琉球舞踊の世界を完全に引退してからも料理店を切り盛りしてきたため、「休まる」というまとまった時間がひとつもなかった。それがまた一方では、女性としてひとりで生きていく張りでもあったのだが、七十代の半ばにして心の支えはもろくなりつつある。もうこんな老人なんだし、そろそろお休みをいただいてもいいでしょ？　という本音が、客のいなくなった夜の奥の間にふと洩れる。

「深刻なトラブルがあったときも、いろいろな人に支えられたり励まされたりして、頑張ってはきたんです。ここで辞めちゃいけないんだって、いったい何人の人に思い止まらせてもらったかわかりません。ひとりで生きてきた自分は実はひとりじゃないって、実感させられる日々でした。でもね、こんなこと言うと変ですけど……時々つまんなくなっちゃうの。魂が抜けてしまって、元気の出ない自分がいるんです」

山本さんが師範として踊りの稽古場を開いたときからの一番弟子で、今でも彼女の右腕として店を支えている女性が、奥の間に遅い夕食を運んできた。量は驚くほど少ない。本来であれば、意気の上がらない師匠に叱咤激励の声をかけることも厭わなかった彼女だが、最近ではそのような言葉もぐっと少なくなった。それでもまだ今日は元気なほうで、「先生、それで全部ですけれど足りますね」と、少し安心した面持ちを見せて部屋をあとにする。

「私、いつもながらちまや〜〜〜（食いしん坊）なんですけど、店のものはずっと自分で味見してるから、そんなに食べたいと思わないんですよ。これではまるで、鳥のごはんみたいでしょ」

そう言って静かに笑いながら、小さな口へわずかな量を彼女は運んでゆく。長くてもあと一～二年、あるいは来年にもこの店はなくなるのだろうという想いが、予感ではなく確信として胸をよぎる。後継者を持たない彼女は、店を出す決意をしたときと同じように、最後には引き際も自分で考えなければならないからだ。そこには無念というよりも、やるべきことは充分にやったという、自分をもうここで赦したい気持ちもあるかもしれない。

人の何倍かの密度を生き抜けてきた彼女は、今ようやく普通に戻りつつあるのだろう。

「かあちゃんも八十六歳まで味覚はしっかりとしていましたからね、私もまだまだ自信はあるんです」

それがなくなってからが、いよいよわずかな余命だとでも言わんばかりに、それでも彼女は残された時間の計算のなかで、味覚を中心に置いている。豚の炊き込みご飯を用いた「トゥンファン」（豚飯）に張る「かちゅーだし」（鰹の出汁）の塩の加減が、彼女の場合はバロメーターなのだという。それすら鈍ってきたときには、いくら美味しいと言われても自分の料理として人に出すわけにはいかない。そのような時限がいつ不意に訪れるのか、残すべきものを最後まで残すためにも、現在のような店の引き際が大切になってきた。

「口が衰えたら、すぐ辞めますよ。そこまでしていて、いいはずがありません。でもね、本当にそうなってからでは、もう遅いんです。ですから仮にそれがあと十年だとしたら、さすがにもう休ませてくださいって、おさすがにもう休ませてください、その時間はのんびりと遊びに使わせてくださいって、お客さんに手を合わせたい気持ちなんです。こう言っては罰があたるかもしれないけれど、だって私、小さいときからずっと奉公ばかりしてきたんですから……」

王朝時代から個人の手によって伝えられてきた伝統が、琉球料理の名店と謳われた存在の幕引きと共にいま、確実にひとつ消えつつある。明朝の閩人たちが中国大陸から首里城にもたらし、その後祇園料理の流れまで加えてひとつの完成を見た類稀なる料理は、廃藩置県を機に那覇のはずれにある「辻」という遊郭に引き継がれた。辻では「尾類」と呼ばれる女性たちが味にしのぎを削り、格別の器に盛る可憐な料理の数々が、庶民が口にするものとはまったく異なった次元において、大和から遠く花開いた。そして沖縄を犠牲とした戦争が始まり、その後遊郭が復興を見ることはなかった。

踊りと三線と料理の腕をよくする尾類たちは、戦後になるとそれぞれが独自の道を歩んだ。器量と美貌ゆえに後援者に恵まれた者は新たに料亭を開き、七二年の復帰前後までは、戦前にも似た栄華をきわめた。しかしアメリカ文化の流入と共に琉球料理の伝統は廃れていき、料亭はやがて文化を継承する現場ではなくなっていった。資本や後援者に恵まれなかった多くの元尾類たちは、その大半が匿名の個人として過去の経歴と共に社会へ消えてゆき、それぞれの手によって料理が復活することはなかった。

しかし器量や舞踊の才覚には恵まれなかったものの、自分が尾類であったことを復帰後になってもなお隠さず、料理の継承人としての誇りをもって、むしろ名乗りを上げる女性がいた。崎間カマトは憚ることなく自分の出自を口にし、それであるからこそ、これだけの料理が出来るのだと言って譲らなかった。カマトには東京へ行った妹から引き渡された養女がおり、戦後の厳しい時代でも、配給品を工夫して自分の味を幼い彼女に伝えた。そのカマトも齢九十七にして二〇〇四年に息を引き取り、辻料理の本当の味を引き継いだ幼女は七十三歳のいま、事実上の引退を目前としている。

❖

六十四歳のときに現在の「琉球料理乃山本彩香」を出す以前に、彼女にはその礎となる店があった。それより遡ること十四年前、五十歳のときに意も新たに開いた「穂ばな」という店だった。

それまでの店舗は、時代的な要請もあって酌婦を置いたり、あるいは自ら舞踊を披露する店に趣向変えしたりと、辻料理の継承と存続に特化したものでは必ずしもなかった。崎間カマトが自宅で仕込む料理には定評があったが、その格別の料理も自分が引き継がなければ絶えてしまうという危機感は、山本さんにとってもまだ差し迫ったものではなかった。評価は贔屓の客筋を中心に留まっており、それは沖縄の文化や芸能が社会的にまだ開かれていなかった背景を、反映してもいた。復帰からの十年間ほどは、沖縄は大和にまだ発見されてはいなかったのだ。

昼（舞踊）と夜（飲食業）にわたる生活を長年にわたって続けてきたからか、その頃の彼女は知らずして、精神的にも肉体的にも限界を迎え始めていた。強い抑うつを伴う神経性の疾病を発病し、外へ出ることさえままならなくなった。七五年に開いた「歩」を彼女は閉じることにし、踊りの稽古を除いては、社会的な活動を二年間にわたって休止せざるを得なくなった。

「人まえに出られないほど理由もなく元気がなくなったかと思うと、翌日にはまったく気分が変わってしまっているんです。親しい人ですら顔が浮かんだだけで攻撃したくなるような、自分でも何かに振り回されている日々でした」

ちょうどその時期と前後して、後から思えばその後の大きな転換期となるような、不思議な体験を彼女はした。琉球の伝統芸能の担い手として、東京の国立劇場で「作田節《ちくてんぶし》」を踊り上げてみせた彼女は、自分が生まれた東京のとある区役所を、舞台の合間を縫ってふと訪れてみようと思い立ったのだ。意図していたのでも何でもなく、その機会を逃したら後は沖縄へ戻るだけという直前に、自分のルーツはこちらにあったことを彼女は唐突に思い出した。

「私が生まれた昭和十年は戦争が始まる直前の時代だし、二歳で辻にもらわれてきてそのままでしたから、東京に戸籍が残っているとは思っていませんでした。でもせっかくなのだからと、急に魔が差したように思い立って、何も迷わずに電車に乗って区役所へ行ってみました。すると山本姓の私の戸籍が、奇跡的に残されているのを発見したんです。えもいわれぬ思いでコピーを取ってもらって、後は半ば放心したような気持ちでした」

物心つかない頃に辻へ連れて来られ、以来その運命だけを理由に琉球の文化を背負うことになり、実は東京の人であったかもしれないという彼女の人生は、何ひとつ自分から選び取ったものではなかった。店を次々と軌道に乗せ、一方では琉球舞踊の世界でトップにまで登り詰めた彼女の生き方は、人から見れば常に意欲に満ちた積極的なものに映ったことだろう。

しかし踊りも料理も、実のところ強引に押し出されて、そこにあったものでしかなかった。中学校にも満足に通えないまま、他にそうするしかなかったから、それを背負ってきただけだった。理由といったものは、最初から何ひとつ与えられてなどいなかった。沖縄でも演じられることが稀な、難易度の高い演目である「作田節」を披露して琉球文化の紹介役を果たした彼女は、沖縄に連れて来られる前の自分と、数十年ぶりに戸籍の上で出会った。

「沖縄へ戻ってからすぐに、私は糸満の玉城家に行きました。崎間カマトの嫁ぎ先で、苗字のない連れ子の私に、戸籍を貸してくれていた義理の父親です。コピーを見せて事情を説明すると、玉城はとても筋の通った人で、『本来の戸籍が見つかったのだから、うちから外れて元へ戻るのが本道だろう』と、寛大な対処を勧めてくれました」

何もかもが不確かであったところに、不意に原点が落ちてきて、抜け殻になりかかっていた彼女のなかで、何かがしだいに埋め合わされ始めた。これからは奔流に弄ばれるように押し流されるのではなく、自分の手や足で感じられる実感に応えながら、新たに道をつけてゆくことが出来る。すでに名の通っていた玉城姓の芸名を彼女は捨て、踊り手として「山本琢子」を名乗った。そして五十歳になったのを機に、それまでとは違う様式の「穂ばな」を八五年に開店した。

「経営者として振舞うのではなく、まったくの自分ひとりに立ち返って、辻の料理を伝えていこうと思いました。かあちゃんが家で仕込んだものと、私がカウンターでそのまま調理するものを合わせて、数品でお出しするようにしたんです」

そんな決意を見て取った普久原恒勇（沖縄音楽界の第一人者。「芭蕉布」の作曲者として知られる）は、「芸の道をきわめんとする者は、その名前がいくつあってもいいのだ」ということで、「彩香」の名を山本さんに贈った。店にはカラオケはおろか音楽さえ流れておらず、伝統的な辻料理と、それに新たなアレンジを現代的に加えたものと、そしてゆったりとした会話だけが和やかに提供された。格別に味のいい古酒がその会話に華を開かせ、目を凝らせば器や調度品もまた、目利きの届いたものばかりだった。

「八重山からシャコ貝やクブシミ（イカの一種、コブシメ）をじかに取り寄せて、カウンターでそのままさばいてお出しするようなこともやりました。まだ五十歳を過ぎたばかりで、若いから出来たんだと思います。とにかく料理ともてなしの一本だけに絞ろうと思って、店を開いている間は、お客さんのまえでは皿洗いさえしませんでした。同じ種類の器をいくつか用意して、閉店後にすべて自分で洗うんです」

ひとりで切り盛りしながら、ここまで削ぎ落とした洗練と真剣さを旨とする料理店は、沖縄ではそれまで存在しなかった。京都の板前料理をも連想させるその在り方は、時間を待つまでもなくやがて口伝えで評判を呼び、財界人や県庁の役人といったそれまでの店で中心的だった客筋は、文化人や大学の関係者などへといつしか変わっていった。そしてその変化をいち早く察知した大和の客が、遠方からしだいに顔を現すようになった。沖縄そのものが日本でブームの兆しを見せ始める、ちょうどその前夜にあった。

「時代に後押しされたと言うか、私は幸運だったと思いますよ」

手元のおしぼりを畳まず、手持ち無沙汰であるかのように、くしゃくしゃにしたかと思えばまた手を伸ばすのが、彼女の癖だ。走馬灯のようにめぐる記憶の光景のなかから、気になるいくつかを選び出し、そこへ文脈を与えて言葉に置き換えようとしているのだろうか。

「最初に機内誌の取材があって、それを見た別の雑誌からまたひとつと、大和に紹介されることが相次ぐようになりました。それでも何をどう書かれるのか、その頃はこっちも見当がつきませんから、基本的にはお断りしていたんです。噂だけ聞いてきて自分では食べてみもしないで、あれとこれを紹介したいからと言われても、そんなやり方には納得が行かない。お互いの文化のことをまだよくわかっていないんですから、まずは今日お出しする物だけでも全部食べてからにしてくださいと、ずいぶんと偉そうなことを言いました。結局その機内誌では、すべてを紹介してくれましたけれど」

それがマスコミの悪癖というものなのか、それとも彼女の料理に見る沖縄文化の純度の高さに畏れさえなしたのか、「穂ばな」は沖縄料理を語る上では欠かせない存在として、幾多の雑誌に登場することになった。沖縄という特異な文化の重要性にようやく気づき始めた大和は、そこから少しでも多くのものを学ぼうとして、時差を縮めることに躍起になっていた。沖縄といえばチャンプルーくらいしか思いつけない時代に、王朝をルーツとする山本さんの辻料理とその完成度の高さは、誰の目にも画期的なものだった。

「知名度がどうこうではなく、紹介をしていただくということそのものが、私としても新たな励みになりました。それまでは沖縄の知人関係だけを相手にしていたわけですけれど、世界が途端に大きく広がって、責任感がまるで違ってきたんです。記事を目にして大和からお見えになられたお客さんをがっかりさせてしまうようでは、その記事を書いてくれた人に対して、申し訳が立たないじゃないですか。私自身はともかく、その人に迷惑がかかってしまう。それだけは許されないと思って、自分がそれをしていたら沖縄もまた馬鹿にされてしまうと思って、切磋琢磨するよりなくなったんです」

国立劇場に招聘を受けて羽田空港に降り立ったとき、山本さんは手足が震えて止まらなかったという。記憶のない自分の生誕地へ戻ってきた想いからではなく、ここは大和なのだという複雑で劣等意識にも似た想いが、自分では意識しない憎悪や恐怖感とも相まって、琉球文化の担い手を硬直させた。言葉の通じない外国に行っても何ともないのに、初めて羽田に降りたときは息をするのも苦しかった。慣れてきて何ともなくなったのは、ここ数年ですよと言って、彼女は疲れた表情のなかにも笑みを浮かべてみせた。

「生き別れになりもせず、よくもまあ最後までかあちゃんの世話を看たものだと自分でも思います。振り回されただけで、何もいい思いはしていないのに。足が弱って車椅子の生活になって、入院しているのに好きな煙草を何本も吸って、着ている物に平気で灰を落とすものだから、焦げ穴が広がらないように化繊の服に替えさせたりとか。同室の患者さんを見下してろくに会話もしようとしないで、面会へ行くたびに私に悪口を聞かせたりとか。肺炎で息を引き取るまで、彼女はずっとそんな生き方でした。そして最期に何か言おうとするものだから、機械をはずして耳を寄せたら、『しわーさんけー』（心配はない）ですって……。しかしなぜなんでしょうか、かあちゃんのことになると、私には語り尽くせないものがあるんです。豆腐ようとか、どぅるわかしーとか、彼女からじかに教わったものは、やはり最後まで残して、伝えていこうと思います。このお店がなくなっても、自分の舌がいよいよ駄目になるまで、それだけは別の方法でお届けします。たぶん、これからはそれで手一杯。もう少しだけ頑張るから、後はどうか休ませてください……」

どぅーぬ、くちさーに、うびれ（自分の口で覚えろ）と言って、実際にはほとんど何の手ほどきもしなかったカマトだが、入院を余儀なくされて自分では料理が出来なくなったとき、彼女は初めて他者の手による「どぅるわかしー」を口にして、「とー、あんしやさ」と養女を認めた。「そう、この通りだよ」といったその言葉には、どぅるわかしーでこの味が出せるのなら、後は心配なくすべての料理を任せられるという、皆伝の意味がこめられていたのだと僕は確信する。

不思議な縁で結ばれた、本当は親子ではない二代にわたって継承された琉球の料理は、その幕をもうじき永遠に閉じようとしている。惜しんでも惜しみ切れないその一方で、本物との出会いに辛うじて間に合ったことの偶然と奇跡を尊ぶべきなのだと、今は思っている。それ以上を望むことは出来ないし、それならばそんなものはむしろなかったこととして、密かに葬った方がよい。

山の神が風になって、稲穂のなかで遊んでいる

新井敏記

琉球料理家の山本彩香さんの料理から人生を繙く「とーあんしやさ」は、雑誌COYOTEで二〇〇七年九月から二〇〇八年七月まで続いた、文・駒沢敏器、写真・関博による連載だ。山本彩香さんのことは駒沢が本文で存分に語ってくれているので、ぼくは『とー、あんしやさ』の成立過程と、駒沢敏器のことに触れておきたい。

駒沢敏器は、一九六一年東京に生まれた。

町田の小、中、高校で学び、開校まもないテンプル大学日本校に入学した。前からアメリカに関心があり、好きな作家は片岡義男とリチャード・ブローティガンだった。高校時

代の友人と“MORGEN ROTE”「山の朝焼け」という同人雑誌を始めた。全篇手書きの雑誌を、駒沢は毎号片岡宅のポストに投函していった。

「変で面白い奴がいるけれど会いませんか」という片岡さんからの誘いで、ぼくが駒沢に会ったのは一九八六年の終わりのこと。無口な印象だったが、別れ際「SWITCHに彼はいいと思うけれど」と片岡さんはぼくに呟いた。翌年から駒沢はSWITCHに身を置き、ジェイ・マキナニー、マディソン・スマート・ベルなどアメリカの若手作家を積極的にSWICTH誌面で紹介していった。一九八八年十二月、編集者駒沢敏器の集大成というべきSWITCH特別編集『The New Lost Generation』を刊行した。

「心の中はいろいろなものが今すぐでも爆発しそうなのに、その力を向けるべきものがない。何をすればいいのか、どこへ行けばいいのか、何かが終わった後に生まれた僕たちはあらかじめ失われた世代だ」

冒頭に寄せたデイヴィッド・レヴィットの言葉は編集者駒沢敏器の思いでもあった。駒沢敏器はSWITCH四年の在籍を経てフリーになった。駒沢は旅に出た。特に沖縄には頻繁に通い、いくつもの本として形にした。風景の話、食べ物の話、音楽の話。彼の語る沖縄は常にアメリカが傍らにあった。彼のアメリカはいつもどこか乾いていて、それこそ失われた時間への追慕でもあった。片岡義男さんの原風景がハワイであるとしたら、駒沢はその叶わぬ思いを沖縄に寄せていたのかもしれない。COYOTEの沖縄特集でも、駒沢は建築、音楽、そして料理の魅力を伝えてくれた。一九九九年、駒沢は山本彩香さんに出会い、その人柄に魅了されていく。駒沢は今まさに消えていこうとする沖縄の食文化を丹念に記録していった。

駒沢は〝MORGEN ROTE〟の同人で親友の平田公一さんに「山本彩香さんはぼくの〝おきなわの母〟です」と、メールでこう書き送っている。

――味は超一級です。ご存知のように琉球料理はもともと宮廷料理で、ルーツの七割は中国ですから、平田にも大いに参考になることでしょう。「山本さんの店以外ではどこがいい？」と訊かれても答えようがありません（笑）。美味しい店はほとんど観光客向けではなく、すなわち居酒屋とかスナックのような業態になってしまいます。「伝統料理の店」じたいが、ほとんど存在しません――

当初駒沢は、「とーあんしやさ」の連載タイトルを、「この世でいちばん美しい料理」と考えていた。見た目だけのことではなく、山本彩香さんのつくる料理は、心持ちそのものからして美しく、それはまさに彼女の信念と気概をそのまま料理へ移し替えたかのような、唯一無二のものだという駒沢の思いがあった。そのタイトルを山本さんに伝えると、彼女から意外な言葉が返ってきた。そのやりとりを駒沢は日記に記録していた。

「美しいなんて言葉、使っちゃいけません」と、彼女はヤマトゥグチに切り替えて言った。「美という言葉は、沖縄ではもともと首里の王様だけが使える言葉です。そのほかはみな、『清い』という言葉をあてます」

僕はタイトルを「美しい」ではなく「清い」に変更することを伝えた。日本（大和）の日常生活では、美と清を明確に使い分ける習慣は確かにないかもしれません、と僕は彼女に言った。漢字の専門家であればその語義の違いもわかるのだろうが、『美しい国へ』の著者も含めて、おそらく意識して使い分けている人は皆無に等しいだろう。僕はそう伝えたうえで、さらに彼女にこう付け加えた。

「ようするに、気分しだいなんだと思います。美しいも清いも、それを使う人の主観でしかないはずです」

するると彼女は「だから腹が立つのよ」と言い、「ですからタイトルの件はお願いね」と、やんわりとだが強く念を押してきた。

沖縄の伝統と心を伝える料理を誇りとしている彼女にとって、「美しい国へ」という言葉は、戦前のもっとも忌々しい記憶に触れる地雷のようなものだったのだ。

最終的に連載タイトルは山本さんが琉球料理で大事にしていた三つの要素「ぬちぐすい」、「てぃーあんだ」、「とーあんしやさ」のなかから選ばれた。駒沢は山本さんと出会うことで、今まで見えなかった沖縄を発見していった。この連載は山本さんとの時間を通して、沖縄をもっと理解するための作家駒沢敏器の歩むべき方向を指し示していった。

二〇一一年十二月、駒沢はパニック症候群を発症し、翌年一月下旬脳梗塞を患い、病床に臥すことになったと人伝えに聞いた。駒沢とぼくが最後に会ったのは二〇一二年一月だった。その時はただ痩せたなという印象だった。駒沢からは長く中断していた「とーあんしやさ」の再開の申し出を受けた。当時休刊中だったCOYOTEの再興まで待ってほしいとぼくは答えた。いつか単行本にしたいという彼の思いを僕はただ黙って聞いていた。駒沢の突然の逝去の知らせを聞いたのはその二カ月後、二〇一二年三月のことだった。

それから十年が経った二〇二二年の春先、一人で出版社を立ち上げたある方から、駒沢の未完の小説『ボイジャーに伝えて』を刊行すると知らせが届いた。駒沢敏器の描く世界が好きで出版を決意したという。その熱意に頭が下がる。作品紹介にはこう書かれていた。

——駒沢敏器という作家が残した最後の長篇小説『ボイジャーに伝えて』を通して、彼の見ていた深淵で静謐な世界に、ぜひ出会っていただけたらと思います——

『ボイジャーに伝えて』のなか、沖縄は神話的な女性と出会う場所とされ、主人公はこのような言葉を口にしている。

「死を、いま生きている対極に置くんじゃなくて、いのちをいのちたらしめているものとして、自分のなかに親密に取りこんで、その死との関係性のなかで生きることが、人生を充実させるように思ったんだ」

小説の主人公は、世界中の自然音を録音しながら音の向こうの世界を見出そうとする人、舞台は主に東京と沖縄。駒沢自身を投影した主人公は恋人に向かってこう呟く。

――「山の神が風になって、稲穂のなかで遊んでいる」と言うのです。僕が探しているものは、もしかしたらそのようなものかもしれません。自然の音に宿っている何か。それを知ることができれば、僕は日本を実感できるのかもしれません――

本を読んで、駒沢はどんなことを加筆したり削除したりしたかったのだろうか考えた。両手いっぱいに広げた彼の世界観がそこには整理されないまま蠢いていた。彼を失うということはこの先が読めないこと、その悔しさがいまさらながら蘇った。「いつか」と言って、「とーあんしやさ」を形にしない自分を恥じた。駒沢のSWITCHやCOYOTEで書いた原稿、そして著作を読み直し、特にノンフィクションにおいて、見えないものに価値をおいた独創的で複眼的な姿勢を今更ながらに発見した。平田さんに会い、連載の写真を担当した関博さんに会い、出版の意思を伝えた。二人とも十年の空白を責めることなく駒沢の沖縄関係の資料や未掲載の写真を提供してくれた。

ぼくは山本彩香さんに手紙を書いた。

山本彩香さま

ごぶさたしています。突然のお手紙で失礼いたします。

COYOTEでは、山本彩香さんの沖縄の料理、その軌跡を伝える駒沢敏器さんの「とーあんしやさ」の連載で大変お世話になりました。

山本さんの人生をたどりながらその凛とした生き方に深く感動し、私自身も当時久米にあった『琉球料理乃山本彩香』に伺い、豆腐ようやゴーヤー料理に舌鼓を打った者です。

山本さんの圧倒的な時間と手間をかけた料理を雑誌で紹介できたことに感謝しています。

思えば、駒沢さんのライターのスタートは一九八七年のことで、私が編集長をつとめる雑誌SWITCHでした。彼は編集者からフリーのライターとして何冊もの本を上梓して活躍されていました。

駒沢さんの逝去から十年の歳月が経ちました。この機会に、山本さんのお許しがあれば、改めて「とーあんしやさ」の連載を一冊にまとめ、墓前にたむけることができればと願っています。

二〇二二年七月二十二日、那覇の山本彩香さんのご自宅に伺った。一九九九年に開いた琉球料理乃山本彩香は彼女の七十七歳を機に店を閉じていた。玄関先には「山本彩香」という「琉球料理乃山本彩香」の大きな看板が表札のように置かれていた。あがり口わきの本棚の上段に陶芸家國吉清尚とチェ・ゲバラ、マーロン・ブランドと並んで駒沢敏器の写真が飾られていた。

単行本化の申し出に、彼女は二つ返事で「ありがたいです」と頭を下げられた。「またコマちゃんに会えることが嬉しい」

ただ一点、山本さんから大切な注意があった。本のタイトルを連載と同じにするなら、それは変えてほしいと彼女は言う。「とーあんしやさ」の表記は正直うちなーぐちでは少し変なので、「とー、あんしやさ」としてほしいと。もちろん異論などなかった。山本さんの声には自然に宿ったやさしさがあり、でも嫌とは言わせない、凛とした逞しい声だった。連載時に指摘はなく、いまさらが今まさにとなる。駒沢が探している沖縄の心の何かが確かにここにあった。

『とー、あんしやさ』は彼女の生年月日に合わせて四月一日を発行日とした。

彩香さんのこと、駒沢さんのこと

池澤夏樹

この本のタイトル「とー、あんしやさ」は沖縄語で「そう、これよね」の意である。少し意訳すれば、「そう、この味よね」ということ。

材料を吟味して手間を惜しまず作った料理が完成した時、作り手が最後の味見をしてにっこり笑ってつぶやく言葉。

ぼくと山本彩香さんとのお付き合いは長い。

「琉球料理乃山本彩香」の前の店、若狭にあった「穂《ふ》ばな」からだから、一九九〇年代の半ば、我が一家が沖縄に移住してすぐの頃だ。

（更に我が妻なる人はそれ以前、食文化に詳しい文筆家の佐藤隆介さんに連れられて某誌の取材で彩香さんの店に行ったことがあるというから、行き来はいよいよ長い）

客として席に着いて出されるものを食べるだけではない。

この人の場合は目の前に並ぶ皿小鉢だけでなく、その料理のことその他もろもろのおしゃべりも供された。これを沖縄では「はなしくわっちー」と言う。お話がごちそうということ。

おいしいものをたくさん食べて帰る際、覚えたばかりのウチナーグチで「くわっちーさびたん（ごちそうさまでした）」と言うと、「いっぺーにふぇーでーびたん（たいへんありがとうございました）」と返され、早速この表現も覚えた。

彩香さんは姿勢がきりりとしておられる。いつでも背筋がすーと伸びている。琉舞で培われたものかと思う。

そして料理の一品ずつにも同じことが感じられる。まっすぐに立って揺るがない。その具体的な姿についてはこの本で駒沢さんが子細に書いているからぼくが更に言葉を重ねるのはやめよう。

養母のカマトさんから受け継いだ味、その手順を横目で見て試行を重ねて獲得した味をきっちりと再現する。決して手を抜かない。それが彩香さんが琉球料理の三つの基本原理として「とー、あんしやさ」と「ぬちぐすい」と並べて言われる「てぃーあんだー」である。そのまま訳せば「手のあぶら」。

実際の油ではなく、手間ひまを惜しまなければ手の力が味に移るということだが、日本料理に比べて琉球料理では油と脂の出番が多い。豚の脂を上品に使うことが大事だ。それを補うのが手のあぶら、手の仕事、手間である。

伝統は機械的・自動的に保持されるものではない。

料理は個人の技だ。その人のその日の、市場から調理場から卓までの小さな選択と判断の集積が賞味する者に供される。その意味では舞台芸能に似ている。文楽、歌舞伎、能、狂言、日舞、すべて優れた演技者がいなければ伝統は形骸でしかない。創造的な伝承。

そこで思うのだが、彩香さんの料理はそのまま彼女の琉舞なのだ。形をきっちり踏襲した上でそれに個人の才能が乗算される。a×b、ということである。

その一方でこの本によれば彩香さんは新しいものを工夫して作るのもお好きらしい。

その一例が牛蒡の豚の皮巻き。

あるいは豚のゼラチンのゼリー！　薬草を加えるというから台湾の仙草ゼリーのようなものだろうか。

近代文学にモダニズムという流れがある。古典を踏まえた上で大胆な実験を試みる。その典型がジェイムズ・ジョイスの『ユリシーズ』である。

彩香さんの料理にこの傾向はないか？

この本を読んでいると彩香さんと話しているような気持ちになる。

彩香さんは島豆腐という言葉が気に入らないと言われる。「これは『うらなぁ豆腐』です」と言われる。

「でもねえ」とぼくは言い返すだろう。「沖縄では地のものをみんな島と言いますよね。だからゴム草履は『島サバ』、居酒屋で『しまー！』と言えばすぐに泡盛が出てくる。『島らっきょう』もある。違いますかねえ」

「だけど……」と彩香さんはまた何か言われるだろう。議論はまだまだ続くだろう。

彩香さんにお詫びしなければならないことがある。

二〇〇四年頃、知念村知念にあったぼくの家のすぐ近くに彩香さんが引っ越してきて小さな店を開くという話があった。限られたお客だけを相手に週に何回かだけ。

うちから百メートルのところである。いつでも彩香さんの料理が食べられるとぼくは狂喜した。

しかしこの計画は実現しなかったし、その理由の一端はぼくの方にあったと思う。ぼくたち一家がフランスに移住すると決めたのだ。

問題は二人の娘の教育だった。ぼくたちは日本の学校に絶望していた。知念の保育園は親身で温かい理想の環境だったのだ。たまたま那覇の用事で迎えが遅れた時、うちの子たちは園長先生の家で夕食を頂いていた。沖縄は社会ぜんたいが子煩悩である。だから居酒屋ではたくさんの子供が走り回っている。子供を育てていたからこそ怪しい職業のぼくたちは近所の人々に受け入れられた。

小学校はまるで違った。日の丸・君が代はまだいい。米軍の四軍調整官が来てスピーチするという話は（ぼくを含む）親たちがつぶした。

しかし校内の雰囲気はどうしようもない。子供同士の間の同調圧力が無視できない。そもそもうちは文筆業という他の家々とは異なる家業で、海外に出ることも少なくない。行った先の国で気の利いたデザインの筆箱などを土産に持ち帰ると子供が言う、「みんなと同じじゃないとダメなんだよ」。

沖縄で駄目ならば日本中どこでも駄目だろう。

これが知念を出てフランスに行った理由。

彩香さん、ごめんなさい。


駒沢敏器さんのこと。

まず、この本の内容に感嘆した。

料理の味を伝える言葉、その作りかたの正確な記述、そして彩香さんの人生を聞き出して書いたノンフィクション作家としての伎倆。

なによりも彩香さんとの仲を作った彼の人柄。恥じて臆しながらも聞くことは聞き出し、その一段階を足場に次の段階に進む。料理のことと彼女の問わず語りの回顧が見事に融和している。


駒沢さんに会ったことはなかった。

しかし彼は実はぼくのすぐ近くにいた。

このエッセーを連載したCOYOTEはぼくも何度も寄稿して今も親しい雑誌である。しかし駒沢さんが書いていた二〇〇七年から翌年にかけてはぼくはフランスにいてこれを見ていなかった。

その前にSt.GIGA《セント・ギガ》という共通項があった。

一九九〇年代に実在した衛星放送によるラジオ局である。衛星用に割り当てられた電波の周波数がギガヘルツ単位だったので、そのギガを取って聖者に仕立てた。

ニューエイジの思想を反映した斬新な方針で、各番組の放送時間は潮の干満や月齢によって決めた。世界各地の自然音だけを流すだけのプログラムもあった。音楽はブライアン・イーノの『鏡面界』の延長上にあるようなもの。

駒沢さんはこの局のスタッフだったらしい。

彼の長篇小説『ボイジャーに伝えて』の主人公はこの局がなくなった後でその姿勢を踏襲して、自主的に自然音の採取をしながら日本中を旅する。

そしてぼくは実際にことは何度か仕事を一緒にした。

ある時、すべて沖縄の音だけで構成する一日を作ることになって、ぼくは二名のスタッフと一緒に沖縄に行った（移住する前のことだ）。

自然音の採取には最新技術だったＤＡＴ（デジタル・オーディオ・テープ）を使う録音機を用いた。さざ波の音を録ろうと久高島に行ったのだが、これは失敗。中部と違って軍用機はいないと思ったのだが、その日は風向きのせいで那覇空港を離陸した旅客機が頭上を通ったのだ。それで八重山諸島に行って、今度はうまくいった。

そこで地元の若い唄者《うたしゃ》に民謡を歌ってもらった。まだ昼すぎだったためか彼はなかなか声が出ず、それではというので泡盛を二、三杯ひっかけてその力で見事に歌った。彩香さんがかちゅーゆに泡盛をどぼどぼ加えて味を引き立てたのと同じ原理(と言っていいかな)。駒沢さんに生前に会うことがあったらSt.GIGAのことを話し、それからずっと彩香さんのことを話して、すぐに彩香さんのところに二人で押しかけただろう。

五十一歳でグソー(後生)に渡った駒沢さんがあちらで幸福であることを祈る。おいしいもの食べてますか?

本書は雑誌『Coyote』の連載
「とーあんしやさ」（2007年9月～2008年7月）の一部に
加筆・修正を加え、再構成したものです。

山本彩香

1935年生まれ。沖縄出身の母と東京出身の父を持つ。2歳のとき那覇の高級花街「辻」の尾類《じゅり》だった伯母「崎間カマト」の養女として預けられ、料理名人の伯母の王朝系料理の味を幼い頃から覚える。17歳で琉球舞踊の島袋光裕に師事。舞踊の世界で頭角を現し、82年に沖縄タイムス芸術選賞大賞受賞。85年に琉球料理の店「穂ばな」、99年に「琉球料理乃山本彩香」を開く。2009年に店を閉めて以降は琉球伝統料理の普及に努め、『てぃーあんだ』『にちにいまし』を上梓。2022年沖縄県功労者として表彰された。

駒沢敏器

1961年東京生まれ。雑誌『SWITCH』の編集者を経て、作家・翻訳家に。主な著書は、小説に『人生は彼女の腹筋』、『夜はもう明けている』、『ボイジャーに伝えて』、ノンフィクションに『語るに足る、ささやかな人生』、『地球を抱いて眠る』、『アメリカのパイを買って帰ろう』、翻訳に『空から光が降りてくる』(著：ジェイ・マキナニー)など多数。2012年逝去。

関博

1961年三重生まれ、東京育ち。1989年よりフリーランスの料理写真家として活動。女性誌を中心に雑誌・書籍などで活躍、現在は料理写真から離れて、単なる食いしん坊に。駒沢敏器とは、サンフランシスコの禅と食の旅が初仕事となり、連載「とーあんしやさ」の撮影依頼を受ける。共著に『男の隠し味』、『いつものうるし』などがある。

協力

平田公一　小林寛　高谷朋子　垂見健吾　相澤久美

稲垣伸寿　ミーヨン　竹井あきら

とー、あんしやさ
琉球料理の記憶と味の物語

2023年4月1日　第1刷発行

著者
山本彩香　駒沢敏器

写真
関博

題字
池多亜沙子

装丁
宮古美智代

発行者
新井敏記

発行所
株式会社スイッチ・パブリッシング
〒106-0031 東京都港区西麻布 2-21-28
電話 03-5485-2100（代表）
http://www.switch-pub.co.jp

印刷・製本
株式会社シナノ パブリッシング プレス

本書へのご感想は、info@switch-pub.co.jp にお寄せください。

ISBN978-4-88418-612-8　C0095
Printed in Japan